Rudolf Beer

Zur Überlieferung altspanischer Literaturdenkmäler

Rudolf Beer

Zur Überlieferung altspanischer Literaturdenkmäler

ISBN/EAN: 9783742894458

Hergestellt in Europa, USA, Kanada, Australien, Japan

Cover: Foto ©Thomas Meinert / pixelio.de

Manufactured and distributed by brebook publishing software (www.brebook.com)

Rudolf Beer

Zur Überlieferung altspanischer Literaturdenkmäler

Zur Überlieferung altspanischer Literaturdenkmäler.

Von

Dr. **Rudolf Beer**.

Separatabdruck aus der „Zeitschrift für die österreichischen Gymnasien"
1898, XLIX. Jahrgang, Heft 2—4.

Wien.
Druck und Verlag von Carl Gerold's Sohn.
1898.

I. Der gegenwärtige Stand der Quellenkunde.

Seit der von Francisco Perez Bayer veranstalteten zweiten Ausgabe der Bibliotheca Hispana des Nicolaus Antonio (Madrid 1783—88, 4 Bände Folio) ist die dankenswerte Aufgabe, die gesammte Geschichte des spanischen Schriftthums aus den Quellen darzustellen, von keinem der zunächst hiezu berufenen einheimischen Forscher vollständig gelöst worden. Diese Thatsache ist einerseits bezeichnend für den gegenwärtigen Stand der Erforschung einer der reichsten Weltliteraturen, andererseits ein Beweis für die hohe Bedeutung, welche das genannte Werk für alle diejenigen besitzt, welche die Geschichte der Überlieferung bis zu ihren Quellen, d. h. Handschriften, Urkunden oder Drucken verfolgen wollen. Sowohl Nicolaus Antonio wie auch Perez Bayer, welch letzterer jahrelang in den handschriftlichen Schätzen des Escorials zu arbeiten Gelegenheit hatte, legen — hier allerdings unterstützt durch mancherlei gute Vorarbeiten — besonderes Gewicht darauf, die ursprünglichen Quellen für die Überlieferung sorgfältig namhaft zu machen, und der Literarhistoriker, der diesen Angaben nachgeht, hat Schritt für Schritt Gelegenheit, sich von der Genauigkeit derselben zu überzeugen. Diese rückhaltlose Anerkennung bezieht sich natürlich auf jenes Material, welches den beiden genannten Gelehrten zu jener Zeit zugänglich war. Der Kreis desselben war im Vergleiche zu den heute verfügbaren Quellen größer, da manche Handschrift, über die in der Bibliotheca Hispana berichtet wird, jetzt verloren gegangen ist; er war aber auch naturgemäß kleiner, da in dem Zeitraume des letzten Jahrhunderts gar manche Quelle erschlossen oder erreichbar gemacht wurde, die Antonio und Perez Bayer trotz allen redlichen Bemühens heranzuziehen nicht in der Lage waren.

Geraume Zeit nach dem Erscheinen der Bibliotheca Hispana tritt, bezeichnend genug, ein Ausländer, ein Amerikaner, George Ticknor, mit einer Gesammtdarstellung der spanischen Literaturgeschichte auf den Plan, welche alles, was bisher auf ähnlichem Gebiete von Literarhistorikern außerhalb der Pyrenäen geleistet wurde (wie etwa die Werke von Bouterwek, Brinckmeier, Clarus, Lemcke), weit in Schatten stellt. Dass Ticknors „Geschichte der schönen Literatur in Spanien", namentlich in der deutschen, von

Nicolaus Heinrich Julius besorgten und von Ferdinand Wolf mit schätzbaren Zusätzen versehenen Ausgabe (Leipzig, Brockhaus 1852, 2 Bde.) sich allgemeiner Anerkennung erfreut, ist bekannt. Thatsächlich hat Ticknor sowohl durch sorgfältige Sammlung alter Drucke und sonstiger Textquellen wie durch seine Verbindungen mit spanischen Freunden, die ihm unedierte handschriftliche Texte zur Verfügung stellten, ein achtunggebietendes Material zusammengestellt und dasselbe durch eine ruhige, klare und durchaus objectiv gehaltene Darstellung erläutert. Aber aus der Natur der Sache ergibt sich, dass der amerikanische Gelehrte das in spanischen Bibliotheken vorhandene Quellenmaterial keineswegs erschöpfen, ja auch nur halbwegs genau registrieren konnte, und so finden sich namentlich in dem Abschnitte über die Literaturdenkmäler aus der Zeit vor der Regierung der Reyes Católicos — ein Abschnitt, der auf etwa 150 Seiten erledigt wird — einzelne Capitel, die, was Quellenerforschung anlangt, so gut wie alles zu wünschen übrig lassen.

Gerade diese sosehr fühlbaren Lücken auszufüllen, erschien die Historia crítica de la literatura española von José Amador de los Rios (Madrid 1861—1865, 7 Bde.) berufen. Ein bündiges Urtheil über diese schon durch ihren Umfang auffallende Leistung abzugeben, fällt nicht leicht. Der Autor führt seine Geschichte nur bis etwa zum Ausgange des 15. Jahrhunderts, sie ist ein Torso geblieben. Man sollte nun zunächst annehmen, dass Amador diesen Zeitraum auf mehreren tausend Seiten in erschöpfender Weise behandelt hat. Es ist auch nicht zu leugnen, dass er die einzelnen Literaturerscheinungen auf dem Boden seines Heimatlandes, angefangen von den Schriftstellern der Römerzeit mit größter Sorgfalt zu verfolgen bemüht war. Das ganze Werk wird beseelt durch Hingabe und Begeisterung für die Sache, ohne welche ja eine verständnisvolle Behandlung der Literaturgeschichte, welchen Volkes immer, nicht denkbar ist. Aber gerade dieser Umstand ist für Amador verhängnisvoll geworden. Er glaubte, der Größe seines Gegenstandes durch epische Breite gerecht zu werden, er hat den durch panegyrischen Ton hervorstechenden Abhandlungen über Denkmäler, Literaturströmungen und sonstige literarhistorische Fragen kein richtiges Ziel zu setzen gewusst, vielmehr vor allem darnach getrachtet, seine Schilderungen der Auszeichnung würdig zu gestalten, deren er wiederholt mit Genugthuung gedenkt: der Auszeichnung, Ihrer Majestät der Königin Isabella in einem kleinen Zirkel von Gelehrten vorgelesen zu werden. So kommt es, dass bei diesem exoterischen Genus der Diction die Kernpunkte zahlloser Fragen sich ganz aus dem Gesichtsfelde verlieren, und wir, so paradox dies klingen mag, die eigentlichen Anhaltspunkte für die Lösung einer Unzahl von Fragen aus den jeweiligen Anmerkungen heraussuchen müssen. Aber auch das in diesen niedergelegte Material, das — nebenbei bemerkt — durch keinerlei Index leichter zugänglich gemacht wird, leidet an erheblichen Lücken und Schwächen. Der Autor hat es allerdings auch hier nicht an Fleiß und Liebe zur Sache fehlen lassen, er hat eine schätzenswerte Menge neuen, von Antonio und Perez Bayer nicht verwerteten Materials namentlich aus der Escorial- und National-Bibliothek erschlossen; die wissenschaftliche Durcharbeitung, vor allem die methodische Verwertung vermissen wir aber fast durchwegs. Die schweren Gebrechen dieses Werkes, welches ohne Schaden für die Sache leicht auf die Hälfte, ja auf das Drittel seines Umfanges hätte reduciert werden können, treten denn auch desto schärfer hervor, je eingehender man sich mit den von Amador de los Rios behandelten Detailfragen beschäftigt und je mehr man Umschau auf dem Gebiete der Quellen hält, welche der Autor theils anzuführen vergessen, theils nicht nach Gebür gewürdigt hat. Das Denkmal für das erste und wichtigste Auftreten des Romance castellano, d. h. die Silenser Handschrift mit altspanischen Glossen musste erst ins Ausland verkauft werden, um die ihrer Bedeutung entsprechende Publication und Bearbeitung zu erfahren, obwohl anderthalb Jahrhunderte vor Amador einer seiner Landsleute schon auf dieselbe aufmerksam gemacht hatte. Eine kritische Sammlung und Abschätzung der ältesten Sprachdenkmäler, welche uns die Urkunden darbieten, so viele derselben auch Amador anführt, sucht man in der Historia critica gleichfalls vergebens. Das reiche Material, mittels welches Alfons X. seine für die spanische Literaturgeschichte epochemachenden Werke herstellte oder herstellen ließ, ist so unvollkommen von Amador behandelt worden, dass die nicht weniger als fünf Foliobände der Palastbibliothek zu Madrid füllenden Collectanea eines der alphonsinischen Famuli, des Bernhardus von Brihuega, der nach seinem eigenen Zeugnisse mit dem königlichen Bücherapparate arbeitete, vollständig unberücksichtigt blieben.

Diese Lücken machen sich in allen Theilen des umfangreichen Werkes fühlbar, ja selbst in jenen letzten Abschnitten, wo der Reichthum der Quellen für die spanische Literatur zur Zeit der Reyes católicos ein Übersehen wichtigen Materials wohl ausschließen sollte. Unsere herbe Kritik erschiene ungerecht, wenn nicht gewisse bezeichnende Fälle dieselbe geradewegs herausfordern würden. So hat Amador für einen Dichter wie Gómez Manrique kaum eine andere Überlieferung berücksichtigt, als die billige Quelle der Cancioneros, während der letzte Herausgeber der Poesien des Dichters, Antonio Paz y Melia [1]) gleich drei, Amador unbekannt gebliebene Handschriften zu benützen in der Lage war, die sich sämmtlich in Madrid, also in dem Centrum, wo Amador arbeitete, befinden, und deren Canciones an Zahl die bescheidene, in den Liederbüchern enthaltene Auswahl weitaus übertreffen. Wie andurer-

---

[1]) Cancionero de Gómez Manrique. Madrid 1885, 2 Bde.

seits spätere Verzeichnisse kostbarer Literaturquellen für Amador hätten lehrreich sein können, soll noch weiter unten ausgeführt werden. Die eben dargelegten Bemerkungen dürften aber bereits gezeigt haben, dass Amadors Werk trotz aller Liebe und Begeisterung für die Sache, trotz allen aufgewendeten Fleißes in der Anlage verfehlt ist, weil ihm die Grundlage für jede literarhistorische Arbeit, die umfassende Sammlung und strenge Sichtung der urkundlichen Zeugnisse für die Überlieferung mangelt. Der Kenner des gegenwärtigen Standes literarischer Forschung auf der iberischen Halbinsel empfindet dies umso schmerzlicher, als eine durchgreifende Remedur der gekennzeichneten Mängel in absehbarer Frist nicht zu gewärtigen ist. Der einzige spanische Gelehrte, welcher imstande wäre, diese große Arbeit zu vollbringen, Marcelino Menéndez Pelayo, hat es vorgezogen, die Resultate seiner Forschung in ganz anderer Weise zu verwerten [1]) und dürfte durch größere Specialpublicationen (Ausgabe der Werke Lope de Vegas, Antología de poetas hispano-americanos etc. etc.) noch für längere Zeit verhindert sein, sich der Lösung dieser Aufgabe zu unterziehen.

Angesichts solcher Verhältnisse drängt sich die — auch rücksichtlich anderer Forschungsgebiete berechtigte — Klage auf, dass Zeit und Mühe in zahllosen ästhetischen und philologischen Specialuntersuchungen verschwendet wird, die sich als total haltlos und verfehlt erweisen, wenn man erst die Quellen der Überlieferung kennen lernt, auf die sie sich von allem Anfang an hätten gründen sollen. Man arbeitet an Gesimsen und Dächern von Gebäuden, denen das Fundament fehlt. Dieses Thema, welches die vitalsten Interessen unseres wissenschaftlichen Arbeitsbetriebes berührt, näher auszuführen ist hier nicht der Ort; vielmehr möge mit gebürender Anerkennung darauf hingewiesen werden, dass, was speciell spanische Quellenforschung anlangt, eine Erweiterung unserer Kenntnisse durch zwei deutsche Gelehrte, Paul Ewald und Gustav Loewe, erfolgreich angebahnt wurde. Bezeichnend für die Sachlage ist, dass sich die Arbeitsziele der beiden Forscher keineswegs direct auf die spanische Literaturgeschichte bezogen. Paul Ewald war von der Direction der „Monumenta Germaniae" beauftragt worden, handschriftliche Quellen für deutsche Geschichte in spanischen Archiven und Bibliotheken zu studieren, Gustav Loewe sollte in eben denselben für die Kirchenväter-Commission der kais. Akademie der Wissenschaften die für die Herausgabe des Corpus scriptorum ecclesiasticorum wichtigen Manuscripte ausfindig machen und beschreiben. Aber wie Ewald, mit richtigem Blicke seiner Mission einen weiten Rahmen steckend, uns mit Manuscripten bekannt machte, die nicht bloß für die Geschichte Deutschlands, sondern

---

[1]) Vgl. die Einleitungen zu den einzelnen Bänden der Antologia de poetas líricos castellanos. Madrid 1890 ff. (bis jetzt 6 Bände erschienen).

auch Spaniens, ja für die ganze Cultur und Literatur der iberischen Halbinsel im Mittelalter von Wert sind, so hat auch Loewe in Würdigung des innigen Zusammenhanges spätlateinischer und nationaler Literatur auf spanischem Boden eine große Zahl von Handschriften durchforscht, die mit dem eigentlichen Zwecke seiner Mission nichts gemein haben. Loewes Beschreibung spanischer Handschriften, von Wilhelm von Hartel in abschließender Weise publiciert,[1]) bildet daher eine wichtige Fundgrube für jeden, der sich mit der mittelalterlichen spanischen Literatur beschäftigt.

Als mir die Aufgabe zufiel, Loewes Untersuchungen fortzusetzen und zu ergänzen, und es durch die Unterstützung der maßgebenden Factoren möglich wurde, während zweier Jahre in etwa 80 Archiven und Bibliotheken Spaniens gegen 2000 bis dahin unbekannte Manuscripte zu beschreiben, konnte mir selbstverständlich kein anderes Ziel vorschweben als dasjenige, welches Loewe verfolgte. Es erschien unverantwortlich, zahlreiche Textquellen für spanische Literaturgeschichte, welche mir beim Suchen wie von selbst in die Hände fielen, unberücksichtigt zu lassen, und so gelang es, namentlich aus der öffentlicher Benützung nicht zugänglichen Palast-Bibliothek zu Madrid, aus dem Escorial, dem Archivo General de la Corona de Aragon, der Biblioteca pública zu Tarragona und manchen anderen kleineren Sammlungen Handschriften hervorzuholen und zu beschreiben, welche manche Epochen spanischen Schriftthums in wünschenswerter Weise erhellen. Andererseits enthalten die zum Theil schon publicierten urkundlichen Belege für die Kunstbestrebungen der spanischen Habsburger höchst merkwürdige Verzeichnisse wertvoller Handschriftensammlungen, auf die ich noch zurückkomme.

Während, wie bemerkt, für die Verzeichnung der Handschriften aus spanischen Fundstätten die Norm durch bewährte Muster gegeben war, erheischte die Publicationsart, beziehungsweise Verwertung des aus so verschiedenen Sammlungen sich ergebenden mannigfachen Materials reifliche Überlegung. Es wurde klar, dass die richtige Mittheilung desselben in innigem Zusammenhange mit einer der wichtigsten Aufgaben steht, welche die romanische Philologie zu lösen hat, nämlich mit der kritischen Ausarbeitung der Geschichte der spanischen Nationalliteratur auf Grund der handschriftlichen und gedruckten Quellen. Man darf sich der Erkenntnis nicht verschließen, dass diese umfassende Arbeit nur etappenweise und durch Mitwirkung zahlreicher Arbeitskräfte zu lösen ist. Die zu befolgende Methode sollte also einerseits die Grundlage festhalten, auf welche sich die literarische Forschung aufbaut, und andererseits die weitere Arbeit anderer so viel als möglich erleichtern. Ausschlaggebend für die Wahl des Weges ist eine Arbeit, welche der Altmeister der romanischen,

---

[1]) Bibliotheca patrum latinorum Hispaniensis, Wien 1886.

speciell der spanischen Literaturforschung, Ferdinand Wolf, angelegt hat, und die, wie es scheint, bis heute unbekannt geblieben ist. Als ich Wolfs Referat an der k. k. Hofbibliothek übernahm, fand ich einen umfangreichen, mehrere tausend Zettel umfassenden Katalog vor, in welchem Wolf aus den reichen Schätzen der kaiserlichen Sammlung alle jene Werke notiert hatte, die sich auf spanische und portugiesische Literatur- und Culturgeschichte beziehen. Die Arbeit ist bedauerlicherweise Manuscript geblieben, aber es ist nicht zu bezweifeln, dass Wolf an die Veröffentlichung derselben dachte, und aus einer glänzenden Probe, aus der Bibliographie der Romanceros, ist unschwer zu entnehmen, welchen Plan er hiebei verfolgte. Der Katalog sollte einen bibliographischen Grundriss für die Geschichte der spanischen Nationalliteratur in der Weise abgeben, dass — ähnlich wie bei Engelmanns bekannter Bibliothek classischer Autoren — für die Denkmäler spanischen Schriftthums vom Anbeginn bis auf unsere Tage Ausgaben und Erläuterungsschriften übersichtlich zusammengestellt würden. Das ist auch das Ziel, welchem wir zunächst, wenn die oben erwähnte Aufgabe ausgeführt werden soll, zuzusteuern haben. Aber, wie die bloße Berücksichtigung handschriftlicher Quellen ein Torso bleibt ohne jene systematische Darstellung der Druckwerke, welche Wolf plante, so sind — das habe ich ja im Vorstehenden darzulegen versucht — alle bis jetzt erschienenen Editionen, ästhetischen Kritiken und philologischen Untersuchungen, so großer Wert einzelnen von ihnen innewohnen mag, unzureichend ohne eine möglichst vollständige Darlegung der handschriftlichen Quellen und der Geschichte der Überlieferung. Soll die geplante künftige Literaturgeschichte, oder sagen wir nur der Grundriss derselben vollständig sein, so gehört zur Bibliographie von Ausgaben und Erläuterungsschriften auch das genaue Verzeichnis der betreffenden handschriftlichen Quellen mit der Abschätzung ihres Wertes.

Eine Übersicht über den Gesammtbestand der in spanischen Archiven und Bibliotheken aufbewahrten oder aufbewahrt gewesenen Handschriften zu geben, wurde in meinem an die kais. Akademie der Wissenschaften erstatteten Reiseberichte versucht. Der Rahmen desselben erlaubte nicht, größere, bereits publicierte Handschriftenverzeichnisse, wie z. B. das der Bücherei Isabellas der Katholischen, vollständig mitzutheilen. Sehr bedauerlich ist, dass wir über den Bestand romanischer Handschriften in den beiden größten Bibliotheken Spaniens — in der National- und Escorial-Bibliothek — nur durch sehr mangelhafte, gedruckte Verzeichnisse unterrichtet sind, und es ist mir auch während meines Aufenthaltes in Spanien nicht gelungen, diese Lücken vollständig zu ergänzen. Für die Escorialbibliothek liegt mir allerdings ein Verzeichnis vor, welches bis jetzt ganz unbenützt geblieben ist und umso wertvoller erscheint, als es genau den Bestand jener Manuscripte fixiert, welche von Philipp II. im Jahre 1576 dem Kloster zum Geschenke macht wurden. Von der Existenz eines solchen Verzeichnisses, das selbst ein Manuscript der Escorialbibliothek bildete, wusste man zwar schon früher, verschiedene Gelehrte hatten dasselbe in der ersten Hälfte unseres Jahrhunderts in der Klosterbibliothek gesehen, es ist aber seitdem wie so manche andere kostbare Handschrift aus der Sammlung verschwunden.

Zwar nicht dieses Exemplar, aber ein durch die Unterschrift des Königs beglaubigtes Duplicat habe ich im Palastarchiv zu Madrid aufgefunden und vollständig abschreiben lassen. Eine dem Kataloge vorangehende Urkunde erzählt die Modalitäten der Schenkung und enthält den ausdrücklichen Befehl des Königs, die Büchersammlung dem Escorial zu übergeben (Es nuestra voluntad que seles entreguen los libros que hauemos mandado lleuar y estan en el dicho Monesterio, assi para la libreria como para las çeldas de los Religiosos del, y otras cosas del servicio de la dicha casa, y tambien tenemos voluntad de darles de aqui adelante otras cosas para el dicho effecto). Die durch den erwähnten Act und durch das ausführliche Verzeichnis beglaubigte Schenkung ist geeignet, uns das Walten des Königs, dessen Charakterbild bekanntlich in der Geschichte schwankt, von seiner freundlichsten Seite zu zeigen. Der Katalog, der wahrscheinlich von Arias Montano verfasst wurde, verzeichnet etwa dritthalbtausend Handschriften, keineswegs allein liturgische, sondern auch solche der classischen Literatur in griechischer und lateinischer Sprache, ferner hebräische, arabische, türkische, ja auch chinesische Codices. Am meisten Interesse für uns hat natürlich die Abtheilung, welche die Manuscripte in castilianischer Sprache anführt. Einen Auszug aus einem modernen Kataloge jener Escorialenses, welche Werke der romanischen Literaturen enthalten, hat bekanntlich bereits Adolf Ebert in dem Jahrbuche für romanische und englische Literatur (Bd. IV, 1862, S. 46—69) geliefert. Der bloße Vergleich mit den einzelnen Rubriken aus dem genannten Abschnitte, den wir auf Grund des uns vorliegenden Verzeichnisses liefern, mag darthun, um wieviel reicher dieses erscheint als das Ebert'sche wie auch alle bisher bekannt gewordenen Indices castilianischer Manuscripte des Escorials. Die erwähnten Rubriken, in denen die einzelnen Handschriften — gar häufig recht genau beschrieben — enthalten sind, lauten wie folgt: Lengua Castellana: Sagrada Escritura de mano. En Folio.[1]) Que son por todos los dichos Libros quarenta y cinco Cuerpos. En quarto. diez y nueve Cuerpos. En octauo. nueve Cuerpos. Philosophia en Castellano: Fol.: 64 Bde., 4^0: 7 Bde. Leyes en Castellano: Fol.: 38 Bde., 4^0: 5 Bde. Mathematicos en Castellano: Fol.: 7 Bde. Medicos en Castellano: Fol.: 6 Bde., 4^0: 2 Bde. Historia en Castellano: Fol.: 96 Bde., 4^0: 13 Bde. Poetas y Grammaticos en Castellano: Fol.: 16 Bde, 4^0: 9 Bde., 8^0: 1 Bd. Libros de Caça en Castellano: Fol.: 5 Bde.

---

[1]) Hierauf folgt die detaillierte Aufzählung.

Wir haben also allein 342 Handschriften, die Denkmäler der spanischen Literatur enthalten, in diesem Verzeichnisse vor uns. Dass die Bedeutung derselben nicht in der Zahl der Manuscripte liegt, ist einleuchtend. Philipp II. ließ durch seine wissenschaftlichen Delegierten, wie z. B. durch Ambrosio de Morales, die Bibliotheken und Archive der Halbinsel bereisen — die Viaje Ambrosios, die sich wie ein Bericht aus den „Missions scientifiques" liest, liegt gedruckt vor — und an literarischen Denkmälern für den Escorial erwerben, was immer für Geld und einflussreiche Worte zu haben war. Philipps Sammlung bedeutet gewissermaßen die Krönung eines Zeitabschnittes, in dem die Vervielfältigung literarischer Denkmäler durch Abschreiben allein oder doch vorwiegend gegolten hatte — mit anderen Worten, was an handschriftlichen Textquellen der spanischen Literatur erreichbar, bezw. erwerbbar war, wurde in einer Sammlung vereinigt, für welche das Verzeichnis ein getreues Bild gibt. Der Katalog ist aber auch eines der letzten und glänzendsten Glieder einer Kette von Handschriftenverzeichnissen, die uns auf spanischem Boden, angefangen von den ersten Jahrhunderten des Mittelalters bis zur Zeit der Spätrenaissance erhalten sind, und an denen der Literarhistoriker, wie bereits Morel-Fatio in seinem Abrisse der catalanischen Literaturgeschichte gezeigt hat,[1]) nicht achtlos vorübergehen darf. Diese Listen der handschriftlichen Bestände alter Kirchen-, Kloster- und Privatbibliotheken verzeichnen eine viel größere Zahl von Werken der spanischen Literatur, als man zunächst vermuthen sollte; sie geben, manchmal in lakonischer Kürze abgefasst, in vielen Fällen Räthsel zum Lösen auf, berichten aber auch oft von Literaturwerken, die heute verschollen sind, zeigen in authentischer Weise die Verbreitung, welche ein bestimmtes Literaturwerk in bestimmten Kreisen zu einer bestimmten Zeit besessen, und geben, was für uns ja besonders wichtig ist, gar oft sichere Indicien, um die handschriftliche Überlieferung im Laufe der Jahrhunderte zu verfolgen. Es ist daher nicht ungerechtfertigt, wenn man in jenem Grundrisse, der als Vorarbeit zu der kritischen Literaturgeschichte zu gelten hätte, eine besondere Rubrik für jedes Denkmal eingeräumt wünscht, die dessen Vorhandensein in den alten Bücherkatalogen nachzuweisen hätte. Man darf hoffen, dass die große Sammlung mittelalterlicher Handschriftenkataloge, welche unsere kais. Akademie der Wissenschaften erst jüngst in Angriff genommen hat, auch das einschlägige spanische Material berücksichtigen und hiedurch der Literaturgeschichte neue wertvolle Daten an die Hand geben werde.

Die pragmatische Erforschung literarischer Denkmäler, d. h. jene Methode, welche uns ein Werk aus den Zeitströmungen, culturellen, localen und persönlichen Verhältnissen gleich einer

---

[1]) Vgl. Gröbers Grundriss Bd. II.

Resultierenden aus Componenten erkennen lehrt, stellt noch eine weitere, gerade bei dem Studium spanischen Schriftthums besonders schwierige Aufgabe. Es handelt sich um die Ermittlung historischer Quellen, die nicht bloß zur Lebensgeschichte der Autoren die erforderlichen Daten liefern, sondern auch — und das ist besonders bei anonymen Werken wichtig — die Bedingungen, unter welchen ein Literaturdenkmal entstand, wie auch die Verhältnisse, die seine Conception beeinflussten, bloßlegen sollen. Die Forschung nach diesen Daten gestaltet sich in keinem Reiche des Abendlandes so ungünstig als in Spanien. Nicht sowohl Geschichtswerke, Chroniken u. dgl., sondern vor allem Einzelurkunden (Documente) kommen in Betracht, für deren Sammlung und Edition trotz der „España Sagrada", des „Memorial Histórico", der „Memorias" und des „Boletin de la Real Academia de la Historia" noch sehr, sehr viel zu thun übrig bleibt. Von den prächtigen Cartularen der Kirchen und Klöster hat bis jetzt erst ein einziges eine allerdings ganz vorzügliche Publication erfahren. Der Vergleich mit der imponierenden Masse französischer Cartulaires, die in brauchbaren Ausgaben zur Verfügung stehen, sollte die maßgebenden Körperschaften Spaniens aneifern, zu zeigen, dass die Urkundensammlungen ihres Landes — wie dies ja thatsächlich der Fall ist — Frankreichs Reichthum an solchen kostbaren Zeugnissen keineswegs nachstehen. Erschwerend wirkt noch der Umstand, dass für den Forscher auf dem Gebiete spanischer Literaturgeschichte nicht bloß Urkunden und Geschichtswerke in lateinischer oder castilianischer, sondern, wie Dozy in bekannt erfolgreicher Weise gezeigt hat, auch in arabischer Sprache höchst wertvolle Aufschlüsse enthalten.

Alle diese Schwierigkeiten können die Forderung nicht hindern, dass in einer künftigen quellenmäßigen Geschichte der spanischen Nationalliteratur oder, wie wir bemerkten, in den zunächst anzulegenden Grundzügen derselben jene für eine wohlbegründete Forschung unerlässlichen Urkunden, die jeweilig — und sei es auch vorläufig nach dem subjectiven Ermessen des Bearbeiters — Aufschlüsse verheißen, ihre gebürende Stelle erhalten. Es möge gestattet sein, an einem Beispiele praktisch darzuthun, wie ich die im Vorstehenden gekennzeichneten, einer künftigen Historia critica de la literatura Española gestellten Aufgaben ihrer Lösung zuzuführen versuchen würde.

II. Das Poema del Cid. Die Handschrift.

Zu den Werken altspanischer Literatur, deren Überlieferung trotz sehr ausführlicher Behandlung von Seite verschiedener Forscher noch immer nicht völlig klargestellt ist, zählt auch das älteste Denkmal spanischen Schriftthums, das Poema del Cid. Für dieses besitzen wir bekanntlich nur eine einzige Textquelle, eine gegenwärtig im Besitze des Marques Pidal zu Madrid befindliche Handschrift. Man sollte annehmen, dass die Bedingungen, unter welchen dieses Denkmal entstand, längst in allen Einzelheiten erörtert worden seien. Das ist nicht der Fall. Die subscriptio des Codex, die ich weiter unten mittheile, enthält das Datum der Niederschrift und den Namen des Schreibers. Noch immer ist der Streit nicht endgiltig beigelegt, ob als Zahl der Datierung 1207 oder 1307 zu lesen sei; noch wird discutiert, ob der genannte Per Abbat, 'Peter, der Abt' gewesen oder ob Abbat ein Zuname sei. Gewichtige Autoritäten lassen es in Zweifel, ob das escrivió sich nur auf das Schreiben und nicht auch auf das Verfassen beziehe. Im Zusammenhange damit steht die Frage, ob wir es mit einem vielleicht nachlässig hingeworfenen Originale oder mit einer Copie zu thun haben. Da die Handschrift abrupt beginnt, wird behauptet, dass ein mehr oder minder großes Stück verloren gegangen sei, während ein anderer Forscher nur einen einzigen Vers vermisst. In Zusammenhang hiemit steht die Frage nach der Genauigkeit der Überlieferung, welche dieses einzige handschriftliche Exemplar bietet. Noch größere Differenzen bestehen bei Abschätzung der überlieferten Dichtung selbst.

Masdeu hat bekanntlich in einer sehr ausführlichen Darstellung nachzuweisen gesucht, dass der Cid Ruy Diaz el Campeador nie existiert habe. Nach ihm wäre also unser Heldengedicht eine bloße Fiction, eine Ausgeburt der Phantasie. Dozy, der ihn mit scharfsinnigen Argumenten bekämpft, hält die richtige Basis fest, entwickelt die Gestalt des spanischen Nationalhelden, scheidet Tradition und Poesie von der Geschichte, und zwar — das ist bezeichnend genug — durch Heranziehung einer Reihe arabischer Quellen. Ein Antipode Masdeus, Angel Amador de los Rios, vertritt in mehreren temperamentvoll geschriebenen Aufsätzen: Exactitud histórica y geográfica del Poema del Cid (Revista de España LXXI, S. 517 ff., LXXII, S. 482 ff. und LXXIII, S. 332 ff.) den extremen Standpunkt, der durch den Versuch charakterisiert wird, jede in dem Poema mitgetheilte historische und geographische Einzelheit und selbstverständlich auch die ganze Erzählung als unbedingt richtig und unanfechtbar hinzustellen.

Mag man auch nicht geneigt sein, diesen Ergebnissen zuzustimmen, so sind Angel Amadors Ausführungen, die außerhalb der Pyrenäen unbekannt geblieben zu sein scheinen, doch wert, dass man einen Augenblick bei ihnen verweile. Angel Amador (wohl zu unterscheiden von dem Literarhistoriker José) hat, um die Genauigkeit des überlieferten Textes zu prüfen, zu Fuß und zu Pferde die Einöden und Gebirge Nordspaniens bereist, Land und Leute mit scharfem Auge beobachtet und auch nicht vergessen, aus dem Munde des Volkes gewisse Redewendungen und Ausdrucksweisen abzuhorchen, die ihm durch so viele Jahrhunderte dieselben geblieben zu sein scheinen, genau so, wie sie der Dichter des

Poema verwertet. Auf Grund dieser Beobachtungen hat er versucht, den Text zu erklären, zu verbessern, und unser Forscher, selbst ein Burgaleser Kind, der während seines Rittes Volimöllers Ausgabe in der Hand hält und zu derselben Bemerkungen macht, ist eine Erscheinung, die sympathisch berühren mag. So viel über den Autor, auf dessen Ausführungen ich noch mehrfach zurückzukommen gedenke.

Gelegentlich wurde unser Gedicht auch seiner Conception nach als bloße Chronik betrachtet und ihm das Charakteristikon eines wirklichen Kunstwerkes, die planmäßige Durchbildung, beziehungsweise eine den ästhetischen Forderungen entsprechende Ausführung abgesprochen, während namentlich spanische Forscher diese Kennzeichen, und zwar in vollendetster Weise zum Ausdruck gelangend, in dem Gedichte zu finden überzeugt waren. Ein Gelehrter, den man sonst gerne hört, schloss sich dieser Würdigung an, erblickte aber in dem Poema ein Epithalamion, ein Hochzeitsgedicht, das der Verf. einem ganz bestimmten Anlasse gewidmet habe. Dass dieser, speciell die Zeit, in welcher er lebte, der Angelpunkt weiterer Controversen war, lässt sich unschwer errathen. Amador de los Rios hat auf einer eng gedruckten Anmerkung, welche eine ganze Seite füllt, die zahlreichen Forscher angeführt, die sich mit dieser Frage beschäftigten, und ihre divergierenden Ansichten skizziert. War es, wie Amador selbst glaubt, ein Page des Cid, der die epochemachenden Züge seines Herrn feierte? Haben wir eine Sammlung von einzelnen Romanzen vor uns, oder ist es ein einziger hochbegabter Dichter, der in einer der höfischen Dichtkunst sich nähernden Form altes Gut der Volkspoesie verwertete?

Diese Fragen der Textüberlieferung, ebenso wie der ästhetischen Würdigung sind, wie die diametral einander entgegengesetzten Urtheile verschiedener Forscher beweisen, noch nicht gelöst. Ihnen näherzutreten erscheint eine umso dankbarere Aufgabe, als gerade bei uns in Deutschland das herrliche Poëm lange nicht jene Verbreitung und Würdigung erfahren hat, die es verdient, und beispielsweise die Romanzensammlung vom Cid, der freilich ein Dolmetsch wie Herder erstand, weitaus bekannter ist, denn die prächtige, urwüchsige und ergreifende Dichtung, als welche sich das Poema del Cid darstellt. Bezeichnend für diesen bedauerlichen Umstand ist, dass wir von demselben nur eine einzige deutsche Übersetzung besitzen, die gar nicht den Namen einer Übersetzung verdient. Der geradezu schauderhafte Stil, durch den sie sich auszeichnet, soll wahrscheinlich das Streben zum Ausdrucke bringen, der ungelenken Redeweise des Originals gerecht zu werden; und auf Grund welcher Sprachkenntnisse diese „Verdeutschung" ausgeführt wurde, mag das Beispiel des Verses 1241: Nin entrarie en ela (barba) tigera, ni un pelo non aurie taiado bilden, der in der Übersetzung folgendermaßen lautet: Keiner finge mit jener Tigerin an und risse ihr ein Haar aus. Ich möchte bei dieser Gelegenheit dem Wunsche Ausdruck geben, dass einer unserer befähigteren Dichter sich an die dankbare Aufgabe mache, das Poema del Cid den Deutschen in ihrer Muttersprache, man kann unbedenklich sagen, zum erstenmale zu schenken; vielleicht einer aus unserer jüngeren Dichtergilde, die so sehr nach realistischen Vorwürfen strebt und für naturgetreue Wiedergabe schwärmt. Man würde da Scenen von packendem Naturalismus finden, wie das Durchpeitschen der hilflosen, ihrer Kleidung entblößten Töchter des Cid von Seite ihrer ehrvergessenen Gatten in der schauerlichen Öde des Waldes von Corpes, aber auch — und das möge nicht vergessen werden — das Urbild eines echten, ganzen Mannes, der für seine und seines Volkes Größe und Freiheit ringt. — Der Mangel an einer entsprechenden deutschen Übersetzung hängt eben mit den Schwierigkeiten und Divergenzen zusammen, welche rücksichtlich der Würdigung, Auffassung und Interpretation des Gedichtes obwalten, und denen zu begegnen im Nachfolgenden versucht werden soll.

Der Ausgang zu einem solchen Versuche muss natürlich von der Handschrift selbst genommen werden. Diese ist, wie die bisher gegebenen Beschreibungen berichten, ein Codex in kl.-Quart auf Pergament in lederüberzogenem Holzeinbande und enthält 74 beschriebene Blätter. Blatt 48 ist zum größten Theile aus der Handschrift weggerissen worden. Eine jede Seite enthält ungefähr 25 Verse; einige derselben sind von nicht eben glücklicher Hand aufgefrischt, beziehungsweise in einzelnen Stellen geändert worden. Die ganze Handschrift enthält heute — die Zählung in den Ausgaben schwankt — ungefähr 3700 Verse.

Auf der ersten wie auf der letzten Seite finden sich handschriftliche Vermerke aus späterer Zeit, die, soweit ich sehe, für die Geschichte des Manuscriptes nicht von Belang sind. Bezüglich dieser steht fest, dass Juan Ruiz de Ulivarri, der sich im Januar des Jahres 1596 in Burgos aufhielt, zu dieser Zeit von dem Codex eine Abschrift nahm. Diese Copie ist übereinstimmenden Nachrichten zufolge recht ungenau und höchstens dadurch bemerkenswert, dass sie dieselben Lücken am Anfange und in der Mitte zeigt wie das Original, das also zu jener Zeit schon verstümmelt war. In den 1601 veröffentlichten Fundaciones de la órden de San Benito erwähnt ihr Autor, Sandoval, eine Handschrift aus Bivar (aus jenem kleinen Flecken, der gemeiniglich als Geburtsort des Cid gilt), in welcher Campeador wiederholt „mio Cid" genannt werde. Die naheliegende Vermuthung, dass Sandoval unsere Handschrift gemeint habe, wird durch einige Verse, die er aus dem Anfange des Poema mittheilt (a. a. O., Abth. S. Pedro de Cardeña, Fol. 41^b), außer Frage gestellt. Die Handschrift befand sich also in dem von Burgos nur wenige leguas entfernten Bivar. Berganza, der in seinen Antigüedades. Bd. I. S. 449. gleichfalls die Handschrift erwähnt, scheint dem Poema keine große Wichtigkeit beigemessen zu haben. Erst der gelehrte Tomás Antonio Sánchez hat in seiner Colección de poesías castellanas anteriores al siglo XV (Madrid, 1779) eine vollständige Ausgabe des Gedichtes geliefert, und andere Editionen, wie die von Ochoa, Florencio Janer usw., sind dieser gefolgt.

Während die Geschichte des Manuscriptes, das seither in den Besitz von Pascual Gayangos übergegangen und von diesem dem Marques Pidal — in dessen Büchersammlung es sich heute noch befindet — überlassen worden war,[1]) keine wesentlichen Indicien für den Ort der Niederschrift bietet, dürfte man solche umso eher von der bereits oben erwähnten subscriptio der Handschrift erwarten. Diese lautet nach Vollmöllers Ausgabe:

> Quien escriuio este libro del Dios parayso, amen!
> Per abbat le escriuio en el mes de mayo.
> En era de mil e C. C C XL.V años es el romanz
> Fecho. Datnos del vino si non tenedes diñeros,
> Ca mas podre, que bien vos lo dixieron labielos.

Die anscheinend so klare Zeitangabe hat gleichwohl zu einer ganzen Reihe von Controversen Anlass gegeben. Das erste der Hundertzeichen ist nämlich ausradiert und heute nur schwer zu erkennen. Man könnte demnach era 1245 oder 1345, nach unserer Zeitrechnung 1207 oder 1307, als Datum der Niederschrift annehmen. Auch der gute Per abbat hat den Erklärern viel Sorge bereitet.

Sowohl Sánchez, wie nach ihm Ticknor haben geschwankt, ob in dem abbat ein Eigenname oder die Bezeichnung der kirchlichen Würde zu erblicken sei. Karl Gustav Estlander, der eine dänische Übersetzung des Poema del Cid mit einer, soweit ich sehen kann, sehr gründlichen und gehaltvollen Einleitung herausgab (Helsingfors, 1863, 4°), hält den Pero bestimmt für einen Abt; auch Damas-Hinard übersetzt Pero abbé. Die Frage ist wichtig; denn haben Hinard, Estlander u. a. Recht, dann ist unsere Handschrift ja bestimmt aus einem Klosterscriptorium hervorgegangen. Abbat als Bezeichnung der hierarchischen Würde ist aber in unserem Falle sicher abzulehnen. Mit der Summe geistlicher wie weltlicher Macht, welche die Abtinful im 13. und auch noch im 14. Jahrhundert in Spanien bedeutete, ist es schlechterdings nicht ver-

---

[1]) Archer M. Huntington. A Note-Book in Northern Spain (New-York and London. 1898) erwähnt S. 85 in seinen dem Poema del Cid gewidmeten Ausführungen (wiederholt aus: »The Bookman«, Sept. 1896): 'after Sanchez... we hear no more of it (the Ms.) until after the wars, when it suddenly reappeared in the *shop of a bookseller*, and was brought to the notice of the government' und ibid. S. 86: 'The manuscript... has made the journey to Boston and was there for some time in the possesion of George Ticknor. I do not know, whether the latter anywhere mentions this fact, but Sennor Pidal assures me of its truth.' Vgl. a. Angel Amador a. a. O. LXXI, 519 f., 524.

einbar, dass ein Träger derselben sich mit dem Abschreiben von
Handschriften befasst, noch weniger aber, dass er für dasselbe
Geld, und wenn solches nicht vorhanden, Wein begehrt hätte.
Wenn wir daran gehen, die Persönlichkeit des Per Abbat
zu fixieren, ist es nothwendig, sich über die erwähnte Datums-
frage zu entscheiden. Sánchez und andere, welche die Handschrift
gelesen, sprechen sich nicht entschieden aus, ob 1207 oder 1307
zu lesen sei. Auch Ticknor und Wolf, denen keine bestimmten
paläographischen Anhaltspunkte vorlagen, lassen diese Frage offen.
Sehr decidiert äußern sich jedoch die Übersetzer der Literaturgeschichte Ticknors, Pascual de Gayangos und Enrique de Vedia,
über den fraglichen Punkt: Die Handschrift zeige deutlich die
Jahreszahl 'era MCCC XLV', nur sei das erste C ausradiert.[1])
Gegen diese Fixierung wendet sich aber sehr energisch Amador
de los Rios, der (Historia crítica, Bd. III, pag. 211, Note 2) bestimmt behauptet, der Codex sei unzweifelhaft 1207 geschrieben,
wie die Schlussnote und die paläographische Prüfung darthun.[2])
Wir haben also eine directe Polemik gegen die Angaben von
Gayangos-Vedia, wie sie von Amador häufig geführt wird, vielleicht aber gerade darum etwas an ihrer Wirkung verliert. Und
im vorliegenden Falle umsomehr, als hervorragende Forscher, welche
die subscriptio später behandeln, wie Menendez Pelayo, Angel
Amador de los Rios, Vollmöller,[3]) Baist,[4]) Cornu[5]) der Ansicht
von Gayangos-Vedia beitreten.

Die Frage wäre sohin erledigt, wenn nicht die jetzt durch
ein treffliches Facsimile ermöglichte genauere Prüfung der Handschrift uns wieder schwankend machen würde. E. Monaci hat in
den Facsimili di antichi manoscritti per uso delles scuole Taf. 61
bis 64, Proben aus der Handschrift mitgetheilt, welche sowohl an
Genauigkeit wie an Umfang die armseligen von Amador und Cortina-
Mollinedo gelieferten Nachzeichnungen in Schatten stellen. Monaci,

---

[1]) En cuanto á la fecha del códice no admite duda que se escribió
en MCCC XLV, y que algun curioso raspó una de las C, a fin de darle
mayor antiguedad: de haber habido una E en lugar de una C, como
algunos suponen, la raspadura no hubiera sido tan grande. Punto es
este que hemos examinado con detencion y escrupulosidad á la vista del
códice original, y acerca del cual no nos queda la menor duda. Vol. I,
pag. 496.

[2]) El códice, de que se valió Sanchez, escrito indudablemente en
1207, como lo persuade demás de la suscripcion final, ya tantas veces
reproducida, el exámen paleográfico del mismo.

[3]) Durch die Lesart in seiner Ausgabe und insbesondere in seiner
Recension der Recherches Dozys (3. Aufl.) Gött. Gel. Anz. 1882, S. 509 ff.
Dozy hielt auch in dieser letzten Ausgabe seiner Untersuchungen II, 83 f.
an der Jahreszahl 1207 fest, zieht seltsamerweise die Worte 'en era ...
es el romanz fecho' zusammen und glaubt, es handle sich um das Datum
der Abfassung. 'Lui même (le copiste) dit seulement, qu'il a fait sa
copie dans le mois de mai, *sans indiction d'année*' (!).

[4]) In Gröbers Grundriss II, 2, 397.

[5]) Symbolae Pragenses 17.

durch das Studium vieler romanischer Handschriften geübt, setzt nun unseren Cidcodex in das 13. Jahrhundert, und ich bin nicht in der Lage, von seinem Urtheile abzuweichen. Auch Dr. Göldlin von Tiefenau, Custos und Vorstand unseres Handschriftendepartements an der Hofbibliothek, ist der Ansicht, dass der Totaleindruck der Schrift auf das 13. Jahrhundert schließen lasse.

Die Frage läge also noch verwickelter denn zuvor, wenn nicht ein sehr bemerkenswertes Merkmal dem ganzen Schriftcharakter aufgeprägt wäre. Der Cidcodex enthält mancherlei paläographische Details, die nicht auf den Anfang, sondern auf das letzte Drittel des 13. Jahrhunderts hinweisen. Diese Beobachtung erscheint als besonders wichtig, wenn wir dem Namen Pedro Abbat in spanischen Geschichtsquellen nachgehen. Gayangos glaubte merkwürdigerweise, diesen Pero Abbat mit einem chantre Pedro Abad identificieren zu können, der bei der Theilung der Beute nach der Eroberung von Sevilla durch Ferdinand den Heiligen [1] (1236) genannt wird.

Auch Dozy zollt dieser Identification Beifall. Wenn aber der Sänger, der bereits 1236 mit Erfolg seine Kunst ausübte, in einem Manuscripte erscheint — Per Abbat le escriuio — das nach der bestimmten, von Gayangos selbst abgegebenen Versicherung erst in das Jahr 1307 zu setzen ist, so kann das escrivio nur als 'verfassen, dichten' verstanden werden. Hierüber noch später. Marius Férotin, der an der Ansicht festhält, der Cidcodex stamme aus dem Jahre 1207, möchte den Schreiber desselben mit einem Per Abbat, enfermerero, identificieren, der in einer Silenser Urkunde vom Juni 1234 als Zeuge erscheint, und macht gleichzeitig an der angezogenen Stelle (Recueil des chartes de l'abbaye de Silos, S. 180, Anm.) aufmerksam, dass ein Petrus Abbas auch in einer Silenser Urkunde vom Jahre 1222, wie auch in einer solchen vom 11. December 1246 genannt wird. Aber keiner dieser Namensbrüder kann auch nur mit einiger Wahrscheinlichkeit als Schreiber eines Codex figurieren, der 1307 niedergeschrieben wurde. Wenn auch nicht angenommen werden kann, dass alle die erwähnten Angehörigen des Geschlechtes der 'Abbat' aus Silos stammten, so darf doch als sicher gelten, dass dasselbe in der Nähe von Burgos sesshaft war. Die Erwartung, auch spätere Mitglieder der Familie in diesem Umkreise anzutreffen,[1] bestätigt sich. Thatsächlich hat

---

[1] En 1236, despues de la conquista de Sevilla, se hizo el repartimiento, en el cual ... se mencionan varios individuos, destinados unos á la música y otros á componer villancicos, trovas y romances. En él se cita un poeta llamado Paja (Palea?) de quien hizo despues mencion el P. Pineda en su Memorial del Rey santo, y tambien se nombra á Pedro Abad, chantre o cantor, *el cual pudiera muy bien ser el autor ó el copiante del poema del Cid*; puesto que si era conocido como trovador ó juglar, pudo muy bien componer el cantar de Gesta del héroe castellano. A. a. O. S. 492 f.

Angel Amador de los Rios (a. a. O. Bd. LXXI, S. 521 Anm.) auf zwei derselben: 'Per Abbat è Miguel Abbat, clerigos del Prior de San Juan de Burgos', die in einer Urkunde vom Jahre 1274 als Zeugen fungieren, ganz kurz und ohne der Hauptsache, nämlich die Provenienz des Documentes zu erwähnen, hingewiesen. Auch hat er vergessen, zu bemerken, dass in einer aus dem Jahre 1294 stammenden Urkunde gleicher Provenienz, in welcher sich der Aussteller stolz 'nos Don Pedro, por la gracia de Dios Abbat del Monesterio de Sant Pedro de Cardeña' nennt, zwei Cleriker Domingo Abbat und Martin Abbat und zum Überflusse noch ein Diaconus Domingo Abbat als Zeugen erscheinen. Dieser Umstand beweist, dass in einem noch enger begrenzten Kreise die Träger des Namens Abbat häufig genug erscheinen. Beide Urkunden stammen nämlich aus San Pedro de Cardeña, dem im Mittelalter weit berühmten, von zweihundert Mönchen bewohnten Kloster in nächster Nähe von Burgos, dessen Oberhirte sich wohl 'Abt von Gottes Gnaden' nennen durfte, und aus dessen Archiv Berganza die beiden Urkunden in den Antigüedades de España II, 487 ff. und 494 publiciert hat. Wenn Angel Amador meint, jener Per Abbat, Cleriker von Burgos, sei möglicherweise später Pfarrer in Bivar geworden und habe dort unseren Codex geschrieben, so geht er von unrichtigen Voraussetzungen aus. Weder in dem armseligen Flecken Bivar, noch in Hornillos oder San Juan de Burgos (um einen Leihvertrag zwischen den beiden letztgenannten Klöstern handelt es sich in der Urkunde von 1274) hatte man Anlass, an eine so entlegene Aufgabe, wie die Vervielfältigung eines Gedichtes in Romance zu denken; man war froh, wenn man die nöthigsten lateinischen Kirchenbücher zum Geschenk erhielt. Einen solchen Luxus konnte sich zu jener Zeit nur ein Kloster mit eigenem Scriptorium wie Cardeña (diesem wurden neben anderen auch die Klöster Hornillos und San Juan wegen ihrer Verarmung und Schulden einverleibt) gestatten. Wenn also jener Cleriker Pedro Abbat noch in späterer Zeit — was ja gar nicht unwahrscheinlich ist — als Schreiber auftaucht, so übte er diese Kunst als bereits bejahrter Mann in San Pedro de Cardeña. Ist unsere Annahme richtig, dann erklärt sich der verhältnismäßig ältere Schriftcharakter eines thatsächlich im Jahre 1307 geschriebenen Codex in ganz natürlicher Weise.

Hält man an der eben vorgeschlagenen Lösung fest, so ergibt sich, dass das Datum in der Schlussnote sich nur auf die Copierung des Codex beziehen kann, nicht aber auf die poetische Conception. Die Abfassung eines Gedichtes von rund 4000 Versen in einem Monate erinnert doch wohl zu sehr an Meister Lucilius, der nach Horaz 'in hora saepe ducentos, ut magnum, versus dictabat

---

[1]) Vollmöller. Gött. Gel. Anz. 1882, 512: 'Da der Verf. (Dozy) mehrere männliche Mitglieder der Familie Abad nachweist, so darf man wohl annehmen, dass ein anderer Per Abbat im 14. Jahrhundert gelebt hat.'

stans pede in uno.' Eine solche Annahme widerstreitet überhaupt allem, was wir bezüglich des Werdens unserer Dichtungen als feststehend gelten lassen müssen, wie auch einer Reihe von Momenten, die ich noch später besprechen will.

Die ganze subscriptio, angefangen von dem Verse Quien escriuio, gleicht haarscharf den zahlreichen Schlussnoten, die uns in den mittelalterlichen Handschriften überliefert sind, und in denen für die Mühe des Schreibens die himmlische Glückseligkeit und daneben auch gar oft recht irdische Dinge, wie pecunia, vinum, ab und zu sogar auch eine pulchra puella als Lohn erbeten werden. Gerade unsere subscriptio hat allerdings den Zorn von Angel Amador sosehr erregt, dass er nicht ansteht, sie, und zwar angefangen von den Worten Es el romanz bis zu den Schlussworten, für eine Fälschung zu erklären. Es ist richtig, dass Sanchez, der ausdrücklich erklärt, das Originalmanuscript mit der größten Gewissenhaftigkeit copiert zu haben, die Verse nicht bringt, und diese auch in den Ausgaben von Ochoa und Damas-Hinard fehlen. Aber es ist kein Grund vorhanden, Janer, der den Schluss zuerst in der erwähnten Fassung bietet, eine Fälschung zuzumuthen; Vollmöller, der erwünschte Details über die 'subscriptio mittheilt (die er übrigens ebenso ediert wie Janer), hält es für möglich, dass die auf años folgenden Worte späterer Zusatz seien, wagt aber nicht, eine bestimmte Entscheidung abzugeben.[1]) Jedenfalls ist also der Zusatz, wenn ein solcher stattfand, alt.

Merkwürdigerweise sind gerade in Handschriften aus dem Kloster Cardeña solche später beigefügte Verse nicht selten. In dem Caradignensis Nr. 11, dessen Beschreibung Wilhelm von Hartel aus Löwes Papieren herausgegeben hat,[2]) findet sich die Subscriptio:

Carmine finito sit laus et gloria christo
Finito libro tunica reddatur magistro.

Außerdem hat der Rubricator eine Reihe von Memorialversen eingetragen, die auch nicht zum Texte gehören, und von deren gelegentlich humoristischer Färbung man sich leicht aus einigen Beispielen überzeugen kann:

Do tibi quod scripsi salue saluentur amici.
Hinc et yspanis pigro[3]) deest copia panis.
Venter farsitus ludit non ueste politus.
Hei michi quod nullus amor est sanabilis herbis.
Est melior uestis grossa quam nil super ossa.
Ignorat plenus quam uitam ducat egenus.

---

[1]) Gött. Gel. Anz. 1882. 512.
[2]) Bibliotheca patrum latinorum Hispaniensis I, S. 523 ff.
[3]) L. pigris und in der zweitnächsten Zeile: nullis.

Erwähnenswert ist auch, dass in dem sonst vollständig lateinisch geschriebenen Caradignensis Nr. 10, dessen Beschreibung wir Ewald verdanken,[1]) nach einer Vita b. Bernardi die Unterschrift folgt: 'Frayre Guillelmus de Burgos escripsso este libro. Dios le de buen galardon amen', während der ganze Band die Schlussnote hat:
'Pennula scriptoris
Cesset iam fessa laboris.'

Es fragt sich nun, wie Pedro Abbat seine Copistenaufgabe erfüllt hat. Dass das Manuscript verstümmelt vorliegt, daran trägt er natürlich keine Schuld. Wir wissen nur, dass ein Blatt in der Mitte des Textes fehlt, nicht, wieviel vom Anfange verloren gegangen ist. Hätten die Herausgeber die erste Bedingung bei der Beschreibung eines Manuscriptes, nämlich die Untersuchung und Abschätzung der Quaternionen (Blattlagen) erfüllt, so könnten wir hierüber sicherer urtheilen.[2]) Angel Amador ist der Ansicht, dass überhaupt nur ein Vers verloren gegangen sei, und der Beginn des Gedichtes ganz gut lauten könnte:

De Vivar sale Mio Cid y dexa sos palacios
De los sos oios etc.

Das erscheint mir aus mehr als einem Grunde zweifelhaft. Auf der ersten Seite stehen 25, auf der zweiten 24, auf der dritten 26 Verse geschrieben. Es ist schlechterdings nicht abzusehen, warum Per Abbat gerade diesen einen Vers hätte weglassen sollen. Er hat sich, wie man sieht, an sein Linienschema gehalten, das etwa 24—26 Zeilen zählt, und die Annahme ist vollständig gerechtfertigt, dass mindestens ein Blatt mit etwa 50 Versen fehlt. So urtheilen auch die übrigen Forscher,[3]) und in dieser Hinsicht dürfte Pero Abbat von Schuld frei sein. Desto schlimmer kommt er in anderer Hinsicht weg. Es wird ihm grobe Flüchtigkeit, ja absichtliche Entstellung von Versen und Wortformen vorgeworfen. Es mag richtig sein, dass Pero Abbat im Schreiben einzelner Buchstaben, in der Weglassung von Kürzungszeichen und Silben fehlte.[4]) Ferner mag Per Abbat insbesondere darin gesündigt haben, dass er bei langen Versen, die in der Vorlage gedrängt

---
[1]) Reise nach Spanien im Winter von 1878 auf 1879, Neues Archiv der Gesellschaft für ältere deutsche Geschichtskunde, Bd. VI (1881), S. 334.
[2]) Baist, Grundriss II 2, 397: Verloren ist ... das erste (Blatt) der ersten Lage: nach allen Anzeigen nicht mehr als dies eine. Dagegen Huntington a. a. O. S. 87: The number of lines or leaves wanting at the beginning it is impossible to tell exactly.
[3]) Dass die Worte 'Conbusco yremos, Cid' usw. in der Cronica particular del Cid Cap. XL sicherlich Paraphrase eines Theiles der am Anfange verloren gegangenen Verse sind, hat schon Milá y Fontanals erkannt.
[4]) Eine Sammlung und Classificierung der unbedingt sicheren Fehler steht noch aus.

oder theilweise über der Zeile geschrieben waren, Kola und Kolatheile verwechselte. Derlei Fehler sind uns aus der Kritik des Textes altclassischer Dichter längst bekannt. Im ganzen und großen wird aber gerade derjenige, dem es vor allem um diplomatisch genaue Feststellung der Überlieferung zu thun ist, durchgreifenden Änderungen ausweichen: dies ist auch der Grund, warum hier gegenüber den bekannten Verbesserungsvorschlägen J. Cornus jener Standpunkt eingenommen werden soll, den bereits Lidforss in der Einleitung zu seiner Ausgabe präcisierte.[1]) Hat ja doch Araujo in seiner eben erschienenen Gramática del Poema del Cid mit Recht darauf hingewiesen, dass Per Abbat in der Copierung von Wortformen, ja auch in orthographischen Details ziemlich consequent verfahren ist. Das scheint auch Vollmöller erkannt zu haben, der in seiner Ausgabe unter Beobachtung einer streng conservativen Methode nur die allernothwendigsten Textänderungen vornahm. Wie nur genaue Beobachtung der Überlieferung zum Richtigen führt, lehrt besonders eine Stelle, die in der Handschrift durch Anwendung eines Reagens beinahe unleserlich geworden ist, wie Vollmöller bemerkt. Vers 2788 lasen die früheren Herausgeber:

„Que tiempo es el dia ante que entre la noch."

Vollmöller setzt 'Mio trapo' und bemerkt, man könnte auch Mie trapa lesen. Eine andere Vermuthung wollte Mietad pasó el dia herstellen. Que ist von zweiter Hand über Mie geschrieben, also nicht genuin und wäre auch in seiner Bedeutung an unserer Stelle auffallend. Trapo („Fetzen") kommt im ganzen Poema del Cid nicht vor und gibt hier absolut keinen Sinn, während der Ausdruck Mietad pasó el dia der schlichten Ausdrucksweise unseres Gedichtes nicht entspricht. Strenge Beobachtung der vorhandenen Buchstabenreste führt auf die richtige Lesung Mientra que („Solange es Tag ist").[2])

---

[1]) Se hará caso omiso de los postreros estudios del Sr. Cornu, ya que en ellos se establece un sistema tan sui generis que, de no aceptarlo en su integridad, parece más prudente dejarlo á un lado (S. VII). Den großen Gewinn, welchen wir nicht bloß für genauere Erforschung des Gedichtes aus den Arbeiten des ausgezeichneten Forschers ziehen, hat Lidforss damit ebensowenig in Abrede stellen wollen, wie irgendein anderer, der sich mit Cornus Studien ernstlich beschäftigt, dies zu thun vermöchte.

[2]) Ich hatte mir diese Emendation sofort angemerkt, als ich Vollmöllers Mittheilung über die handschriftliche Überlieferung las, und erst später gesehen, dass bereits Cornu auf denselben Gedanken gekommen war (Romania 1881, S. 93). Er liest Mientra que es de dia oder Mientra que exe el dia (Mientra claro es el dia, Zs. f. r. Ph. 1897, 511). Da aber im Poema del Cid mientra que immer mit dem Conjunctiv verbunden wird, wäre zu erwägen, ob nicht auch hier diese Regel zu beobachten sei. Unbegreiflich ist mir, dass Restori in den Textbruchstücken, die er aus dem Poema veröffentlicht (La gesta del Cid, Milano 1890), das sinnlose Mio trapo im Texte beibehalten hat.

Zu diesen aus der Copie Abbats selbst geholten Indicien, welche vor willkürlichen Textänderungen warnen müssen, kommt noch ein gewichtiges, von außen hinzutretendes Moment. Schon Florian d'Ocampo hat beobachtet, dass das vierte Buch der von Alphons X. oder in seinem Auftrage verfassten Coronica de Espanna in ihrer Diction sich wesentlich von den drei vorhergehenden Büchern unterscheide. Diese Beobachtung ist richtig. Die Divergenz rührt daher, dass das vierte Buch auf Grund einer Reihe alter Textquellen zusammengestellt ist, die nur mit geringfügigen Änderungen, in manchen kleineren Sätzen wörtlich, gewissen Theilen des Buches einverleibt worden sind. Zu diesen alten Quellen gehört auch das Poema del Cid. Leider ist Florian d'Ocampos Ausgabe der Coronica de Espanna so willkürlich veranstaltet, dass die handschriftlichen Grundlagen kaum mehr zu erkennen sind (vgl. Amador de los Rios, Historia critica, Bd. III, S. 575, und Menéndez Pidal, La leyenda de los Infantes de Lara, S. 51 f.). Wir sind daher bei der Vergleichung des Textes der Chronik mit dem des Poema auf die geringen Bruchstücke angewiesen, die Amador mit Zuhilfenahme der Handschriften (Escorialensis j. X 4 und Matritensis Bibl. Nat. F. 133) mitgetheilt hat. Ich gebe aus diesen Bruchstücken einige markante Stellen unter Vergleichung der correspondierenden Poema-Verse nach Vollmöllers Ausgabe.

Vs. 672 ff. De Castiella la gentil exidos somos aca,
  Si con moros non lidiaremos, no nos daran el pan.
  Bien somos nos VI cientos, algunos ay de mas.
  En el nombre del Criador — que non pase por al —
  Vayamoslos ferir en aquel dia de cras

Amad. III, 584 (Cron. Gen. fol. 304ᶜ)
  Salidos somos de Castiella la noble .. á este logar.
  Si con moros non lidiamos, non nos querrán dar el pan
  Bien somos aqui seiscientos ... et algunos de mas ..
  En nombre de nuestro Sennor Dios, que non aya y al ..
  Vayamoslos ferir ... et esto sea cras.

Vs. 702 ff. Quedas sed, menadas, aqui en este logar,
  Non derranche ninguno fata que yo lo mande.
  Aquel Pero Vermuez non lo pudo endurar.

Amad. ibid. (Cron. Gen. fol. 305ᵃ)
  Aqui estad .. quedos en este logar
  Non .. derramedes ninguno ... fasta que yo lo mande
  Mas Pero Bermudez non gelo pudo endurar.

Vs. 3276 Non gelas deuien querer sus fijas por varraganas

Amad. III, 587 Non las quirien .. para seer sus barraganas

Vs. 3279 Quanto el dize non gelo preçiamos nada
Amad. ibid. Quanto el diz non damos por ello nada[1])

Entlehnung von Verstheilen, ja ganzen Versen aus dem Poema findet aber nicht bloß in dem vierten Buche von Alfonsos Cronica general, sondern auch in der sogenannten Cronica particular del Cid statt. Es ist dies dieselbe Chronik, welche zuerst von Juan de Velorado, Abt von Cardeña, i. J. 1512 aus dem 'Originale', wie es im Prohemio heißt, herausgegeben, vielfach wieder aufgelegt und zuletzt von V. A. Huber in einer handlichen Edition (Marburg 1844) zugänglich gemacht wurde. Bezüglich des Verhältnisses der beiden vielfach übereinstimmenden Chroniken geht Hubers Ansicht dahin, dass beide vielleicht Übersetzungen einer und derselben lateinischen Quelle seien.[2]) Dozy hat aber in sehr plausibler Weise dargelegt, dass die Cronica particular nichts anderes sei, als die Umarbeitung des vierten Buches der Cronica general; diese Umarbeitung sei wahrscheinlich im 14. Jahrdundert durch einen Mönch von Cardeña erfolgt, und das Resultat derselben sei eben jener Codex von Cardeña, den Berganza in gewissenhafter Weise excerpierte, während der erste Herausgeber, Velorado, mit dem Texte ziemlich willkürlich verfuhr, worauf auch Berganza hinweist. Das Verhältnis der beiden Chroniken zu einander festzustellen ist eine, wie wir sehen, auch für die Geschichte und Kritik des Poema-Textes nicht unwichtige Aufgabe. Leider ist der Codex von Cardeña, welcher die Cronica particular enthielt, heute verloren; Martínez Añibarro y Rives, der in seinem Lexikon Burgaleser Schriftsteller diese Thatsache bestätigt, fügt hinzu, er habe Nachricht von einem Codex des Werkes in der Madrider Palastbibliothek, der gleichfalls von Velorados Druck abweiche. Nähere Daten gibt Martínez nicht. Ich habe diese Handschrift der Cronica particular, welche sowohl von Amador wie von allen anderen Forschern unberücksichtigt gelassen wurde, in der Privatbibliothek Sr. Maj. des Königs gesehen und beschrieben. Sie führt die Signatur 2. I. 2 (alt VII. G. 4) und stammt wie die meisten Codices der königlichen Sammlung aus den colegios mayores von Salamanca. Sie umfasst 192 Blätter in kl.-Quart (21,7 X 30,8 cm) mit je einer Columne auf jeder Seite, und ist in sehr correcter Minuskel, wahrscheinlich zu Beginn

---
[1]) Außer diesen Paraphrasen, die an der Hand des von Amador gegebenen Textes verglichen werden konnten, finden sich auch in Ocampos Druck eine große Anzahl von Poema-Versen paraphrasiert, z Th. fast wörtlich wiederholt. So Vs. 409, 424, 479, 538, 547, 567, 581, 584 f., 615, 628 f., 637, 667 f., 676, 682, 685 ff., 700 ff., 748 f., 753, 763, 767, 805, 817 f., 824, 850, 863, 865, 889, 893, 940, 961, 963 ff., 1002, 1018, 1021 f., 1035 ff., 1060, 1072 f, 1075 u. s. f. Die ausführliche Nebeneinanderstellung, die hier zuviel Raum in Anspruch nehmen würde, hoffe ich bei einer anderen Gelegenheit bieten zu können.

[2]) Traducciones mas o menos libres de un original latin, hechas por diferentes autores y en diferentes tiempos. A. a. O. S. XLIV.

des 15. Jahrhunderts geschrieben. Der Anfang stimmt mit Velorados
Druck; die Anfangsworte des Capitels, mit dem die Handschrift
abbricht: 'Cuenta la historia que en el ochavo año del Reynado
del Rey don Fernando' finden sich in keinem Capitelinitium des
Druckes. Eine Vergleichung der in vieler Beziehung unzuläng-
lichen bisherigen Ausgaben mit der Madrider Handschrift wird also
ebenso unerlässlich sein, wie die Emendation von Ocampos Ausgabe mit den Manuscripten, von denen eines (wie es scheint, auch
noch unbenützt) sich gleichfalls in der Palastbibliothek findet.
Was sich auf Grund der zur Verfügung stehenden Drucke für unsere
Frage ermitteln lässt, ist Folgendes: Sowohl die Cronica general
Bd. IV, wie auch die Cronica particular enthalten Verse und Vers-
theile des Poema fast wörtlich ausgeschrieben. Schon dieser Umstand hätte Huber abhalten müssen, an eine gemeinsame lateinische
Vorlage zu denken. Wo Cronica general und Cronica particular in
der Entlehnung von Poemastellen von einander differieren, gibt die
Cronica general den Text getreuer wieder, wir haben also hier
eines der Indicien, welche für die Richtigkeit der Ansicht Dozys
sprechen. Amador hat daher mit Recht zur Vergleichung den Alfonsinischen Text zugrunde gelegt, nur die Parallelen irrthümlich bezeichnet, überhaupt bei den Schlussfolgerungen auf halbem Wege
innegehalten. Da nämlich die Coincidenz in den angeführten Pa-
rallelstellen Cronica-Poema unmöglich eine zufällige sein kann,
weil sich ganze Sätze des Alfonsinischen Textes mit den Poema-
versen decken, so ist klar, dass Alfons (oder sein Amanuensis)
eine Handschrift besessen, beziehungsweise benützt haben muss,
die älter war als die von Per Abbat gefertigte, an deren richtigem
Datum: 1307 wir wohl nicht zweifeln können.[1]) Die große Über-
einstimmung des Textes an so vielen Stellen rückt aber die Gewissenhaftigkeit des viel geschmähten librarius Per Abbat in helles
Licht, und wir haben in dem Alfonsinischen Werke ein wichtiges

[1]) Milá y Fontanals, De la Poesia heroica-popular Cast. 265 nimmt
eine redaccion sin duda algo ampliada (d. h. im Vergleiche zu dem erhaltenen Poema-Texte) als Quelle der Cronica general an. Noch weiter
geht Menéndez Pidal, La Leyenda de los Infantes de Lara 40 f.: 'muchos
tienen el Poema. según hoy se conoce, como fuente poética de la General,
mas para afirmar esto habría creer á los autores de esta Crónica no
compiladores de buena fé. sino consumados falsarios y novelistas', wobei
auch eine Polemik gegen die Ansicht Cornus. Alfons habe eine version
moins altérée que celle que Per Abbat nous a écrite vor sich gehabt,
geführt wird. Die Thatsache, dass hunderte von Versen fast wörtlich
in der C. general wiederholt werden, lässt sich doch nicht aus der Welt
schaffen. Und woher leitet Menéndez den Zwang für Alfons oder seine
Helfer ab, sich nur an den Poematext zu halten? Für die Schilderung
der Córtes von Toledo konnten der Crónica neben dem Poema ebenso die
mündliche Tradition als Quelle dienen, wie die memorias von Cardeña
für die im Poema nicht beschriebenen Ereignisse nach dem Tode des Cid.
Dass in diesen 'vortreffliche sagenhafte Züge' enthalten sind, hat Baist
Grundr. II. 2., 399) sehr richtig hervorgehoben.

Correctiv an die Hand gegeben, um willkürliche 'Emendationen' des Poematextes zurückzuweisen.¹) Aber auch dort, wo der Erzähler in ungebundener Rede die Verse paraphrasieren musste, haben wir einen willkommenen Behelf zur Erklärung dunkler Stellen. Das vierte Buch der Cronica general, wiederholt gesondert abgeschrieben, hat als leichter lesbarer Text und schon durch die Flagge, unter der es gieng, als Cidbuch das Poema im Mittelalter verdrängt. Wenn wir in einem älteren Cataloge 'en papel letra antigua hechos de los reyes de Castilla y Aragon y del Cid Ruy Diaz'... '(cronica) del rey Alonso y del Cid' (Benevivere, Handschriftenschätze Nr. 68) verzeichnet finden, so dürften darunter die Cronica general, beziehungsweise Buch IV derselben, zu verstehen sein. Immerhin war die Existenz des Poema um die Mitte des 13. Jahrhunderts schon so bekannt, dass der Alfonsinische Kreis auf dasselbe aufmerksam wurde.

III. Das Poema del Cid. Die Provenienz.

»Aqueste monesterio no lo quiera olbidar«
Worte des Abtes von Cardeña, Vs. 1444.

Die Fragen über Ursprung und Herkunft des Gedichtes vom Cid sind, wie gleich eingehender nachgewiesen werden soll, mit der Feststellung der Zeit seines Entstehens aufs innigste verknüpft. Die zahlreichen über diese abgegebenen Urtheile auch nur zu registrieren, ist hier nicht der Ort; einen Überblick über dieselben gibt Amador de los Rios, Hist. crit. III 127 f.

Aus dem Gedichte selbst sind, wie die vielfach divergierenden Ansichten über die Entstehungszeit des Gedichtes beweisen, sichere Indicien nicht zu gewinnen. Einen terminus post quem erhalten wir aus der Andeutung der Verse 3002—3:

El conde don Anrrich e el conde don Rremond;
Aqueste fue padre del buen emperador.

Das Gedicht kann also vor dem Jahre 1135, in dem Alfons VII. den Titel eines Kaisers von Spanien annahm, nicht entstanden sein. Dass die zweite Stelle, die zur Zeitbestimmung herangezogen wurde, Vers 3723:

Oy los rreyes d Espaňa sos parientes son

viel zu unbestimmt sei, um für eine Datierung verwertet werden zu können, erhellt aus dem Umstande, dass nach der Vermählung der Töchter des Cid, Elvira (mit Ramiro, Infanten von Navarra) und Sol (mit Ramon Berenguer III., Grafen von Barcelona),²) dieser Ausspruch für alle folgende Zeit Giltigkeit haben musste.

---

¹) So z. B. die billige Conjectur Angel Amadors 'Judas' für Vidas.
²) Näheres hierüber bei F. Wolf, Studien 44 ff.

Wir sind also bei Bestimmung der Abfassungszeit auf äußere
Indicien angewiesen. Die Mehrzahl der Forscher, unter den neueren
auch Angel Amador, nimmt die zweite Hälfte des 12. Jahrhunderts
als jene Zeit an, da das Gedicht entstand. Ticknor nennt als
Datum die runde Jahreszahl 1200, während Dozy geneigt ist, die
Abfassung des Gedichtes zu Beginn des 13. Jahrhunderts zu
setzen.

Es ist wichtig, sich vor allem darüber klar zu werden, dass
zwischen Entstehen und endlicher schriftlicher Fixierung des Gedichtes unterschieden werden muss. Von letzterer hat auszugehen,
wer sich einen festen Boden für die Untersuchung sichern will.
Diese definitive Aufzeichnung scheint Dozy auch im Auge zu haben,
wenn er zur Begründung seiner Ansicht von einer erst im Beginne des 13. Jahrhunderts erfolgten Aufzeichnung des Gedichtes
darauf hinweist, dass die Sprache des Poema im Vergleiche zu
den aus dem 12. Jahrhunderte erhaltenen Urkunden eine zu ausgebildete sei. Ferdinand Wolf, der die Abfassungszeit des Gedichtes in das 4.—6. Jahrzehnt des 12. Jahrhunderts rückt, be-
kämpfte diesen Einwand unter Hinweis auf das Urtheil spanischer
Forscher sowie die damals begonnene Sammlung von Fueros von
Tomás Muñoz y Romero. Da Autoritäten keine Argumente sind,
haben wir uns nur mit dem letztgenannten Hinweis zu beschäftigen.
Aus den Worten Wolfs[1]) darf man schließen, dass ihm zur Zeit,
da er sein Contraargument ins Feld führte, die erwähnte Colección de fueros municipales noch nicht zur Verfügung gestanden
sei. Die Colección enthält in Wahrheit kein einziges Document
in castilianischem Romance aus dem 12. Jahrhundert. Da die
Titel der einzelnen Documente bei Muñoz allerdings geeignet sind,
Irrthümer zu wecken, und thatsächlich auch schon missverstanden
worden sind, ist es angemessen, auf einige Beispiele näher ein-
zugehen.

Unter der Überschrift: Testo castellano del concilio de Leon,
año de 1020, liest man eine Urkunde, die einer Abschrift eines
Codex aus Benevivere aus dem 13. Jahrhundert entnommen ist.
Dasselbe gilt vom Testo castellano del concilio de Coyanza (1050).
Der Testo castellano del ordenamiento de las cortes celebradas en
Benavente en el año 1202 ist, wie in einer Note bemerkt wird,
eine copia romanceada del ordenamiento latino de 1202. Bei der
copia romanceada del fuero de Arguedas concedido en el año de
1092 heißt es, es sei dies eine traduccion 'bastante antigua' des
Originals. Bei dem Fuero von Guadalajara aus dem Jahre 1133
finden wir das Geständnis, es sei dieser Tex entnommen einer

---

[1]) '— so wird die jetzt begonnene Sammlung von Fueros und
Cartas pueblas de Tomas Muñoz (nun unter den Auspicien der k. Akademie der Geschichte zu Madrid fortgesetzt) Hrn. Dozy wahrscheinlich
vielfach Gelegenheit geben, sein Urtheil auch in dieser Beziehung zu
modificiren.'

'copia simple romanceada escrita en pergamino de letra del siglo XIV'.

Diese Proben dürften genügen, soweit es sich um die erwähnte Sammlung handelt. Damit ist jedoch der Beweis noch nicht erbracht, dass nicht and ere Urkunden aus dem 12. Jahrhundert existieren, die thatsächlich ein vollständig ausgebildetes Romance enthalten. Amador glaubt das Vorhandensein solcher Documente bestimmt versichern zu können (Hist. crit. III, S. 395, Anm. 1 u. 2), citiert als Beweis das Fuero de Avilés aus dem Jahre 1055 und eine Reihe anderer Urkunden, welche, wie er sagt, schon für den angeführten Zeitraum „demuestran que existia el romance". Auf eine nähere Prüfung derselben lässt er sich nicht ein: sehr mit Unrecht.

Für die Fixierung des ersten Auftretens der vollkommen ausgebildeten Vulgärsprache in Castilien haben wir, wie die Dinge heute liegen, keinen anderen Behelf als datierte Urkunden, und es ist zu bedauern, dass diese wichtige Frage eigentlich noch gar nicht behandelt wurde. In dem erst vor kurzem erschienenen Buche: Lingua e letteratura spagnuola von Egidio Gorra (Milano, Hoepli 1898) hat der Verfasser in richtigem Verständnisse für die Sachlage die Urkunden vor alle anderen Texte der Chrestomathie gesetzt, darunter als erste in ausgebildetem Romance eine Schenkungsurkunde an Cardeña mit der Datierung: fecha la carta en Burgos. V. nonas octobris, era. M. CC. XI. regnante el rey don Alonso en Burgos, et en todo so regno. Gorra hat den Text aus Monacis Testi basso-latini e volgari della Spagna, col. 10, dieser wieder aus Merino, Escuela paleográfica (Madrid 1780, p. 171); dieser aber schweigt über seine Quelle. Man findet die vollständige Urkunde bei Berganza im Anhange zum zweiten Bande der Antigüedades, und es ist ganz zweifellos, dass Merino aus dieser Quelle geschöpft hat. Auch Berganza hält die Urkunde für eines der ältesten Zeugnisse, in denen die Lengua vulgar vollständig entwickelt erscheint, ist aber gewissenhaft genug, in den Erläuterungen zu der Urkunde (vol. II, p. 114) zuzugeben, dass die Jahreszahl wahrscheinlich irrig gesetzt und 1183 zu lesen sei. Eine Randnote bei der Textpublication belehrt uns ferner, dass die Urkunde nicht dem Originale, sondern dem Libro de las tablas, d. h. dem Cartular, und zwar dem späteren nach dem Libro gotico verfassten Copialbuche entnommen sei. Dieses aber ist, wie Berganza selbst zugibt, durch Fehler aller Art entstellt, und ich stehe daher nicht an, meine Überzeugung auszusprechen, dass wir der Sprachform nach eine sogenannte Erneuerung eines ursprünglich lateinisch abgefassten Documentes vor uns haben, die in das 13. Jahrhundert fällt.

Erwägt man, dass auch die anderen aus dem 12. Jahrhundert angeführten Urkunden, welche angeblich schon entwickeltes Romance zeigen, den nämlichen Bedenken unterworfen sind — das

Fuero von Avilés ist lange als eine Fälschung des 13. Jahrhunderts erwiesen [1] —, erwägt man weiter, dass die erste Romance-Urkunde in dem einzigen bisher wissenschaftlich edierten Cartular (Recueil des chartes de l'abbaye de Silos par D. Marius Férotin, Paris 1897) im Jahre 1228 auftritt, so wird man annehmen müssen, dass der vollkommen ausgebildete Gebrauch der Vulgärsprache vor dem Beginne des 13. Jahrhunderts in beglaubigten Texten kaum anzutreffen sein dürfte. [2]

Der Gegenstand erheischt, wie bemerkt, noch eine methodische Untersuchung auf Grund des vorhandenen Urkundenmaterials und kann daher nur in spanischen Archiven unternommen werden. Der Verfasser der bereits erwähnten Gramática del Poema del Cid, Arajo, scheint gewissen Andeutungen nach der Frage näher getreten zu sein, hat aber weder das benützte Urkundenmaterial noch die Resultate seiner Untersuchung in dieser Richtung auch nur angedeutet, was lebhaft zu bedauern ist. Die sprachlichen Formen, welche das Poema aufweist, hätten durch vergleichende Heranziehung der ältesten Documenttexte in der castilianischen Vulgärsprache nach Ort und Zeit fixiert werden sollen. Immerhin bleibt bemerkenswert, dass auch Arajo, einer der besten Kenner des Poema, zu wiederholtenmalen bemerkt, die Sprache desselben spiegle den Wortschatz der habla Castellana im 12. und im 13. Jahrhundert wieder. [3] Das Poema, wie es heute vorliegt, erscheint Arajo demnach als ein Product dichterischer Thätigkeit, die sich durch längere Zeit fortsetzte und erst im 13. Jahrhundert ihren endgiltigen Ausdruck, beziehungsweise Abschluss fand.

Diese Beobachtung ist zutreffend. Sie wird zunächst gestützt durch einen genaueren Einblick in Schriftthum und Schriftwesen während des angedeuteten Zeitraumes. Schon früher wurde

---

[1] Dass in jüngster Zeit die Rehabilitierung des merkwürdigen Schriftstückes versucht wurde, ist mir bekannt. Die Schrift kann aber, wie das von Fernández Guerra gelieferte und augenscheinlich sehr getreue Facsimile zeigt, unmöglich aus dem 12. Jahrhundert stammen; keine der Urkunden, welche Muñoz y Rivero in seiner Sammlung von Schriftproben aus dem 12. Jahrhundert mittheilt, lässt sich entfernt mit dem hier so deutlich ausgeprägten Schriftcharakter vergleichen. Ein vager Versuch, die Echtheit zu beweisen, auch bei Miguel Vigil, Asturias Monumental II 277 ff.

[2] In dem Novemberhefte des Jahrganges 1897 der Revista de archivos, bibliotecas y museos wird ein Aufsatz Documentos castellanos originales anteriores al reinado de San Fernando von R. Menéndez Pidal angekündigt. Ferdinand III. besteigt 1230 den Thron, und es ist bezeichnend, dass nicht Alphons IX. als terminus ante quem gewählt wird. Der bescheidene Umfang der Revista lässt übrigens keine große Urkundenpublication erwarten.

[3] La Gramática y el Vocabulario (del Poema) debian ser la reconstitución del habla de Castilla en los siglos XII y XIII .... reglas y principios á que se ajustaba el habla castellana de los siglos XII y XIII ... fiel reflejo de habla castellana en los siglos XII y XIII, Prólogo S. 6, 13, 14 u. ö.

darauf hingewiesen, dass die Herstellung eines Schriftdenkmals, sei es auch nur von verhältnismäßig geringem Umfange, gewisse Bedingungen voraussetzte, die erwogen werden müssen. Diese Bedingungen waren im Mittelalter der schriftlichen Propagierung von literarischen Werken auf spanischem Boden nicht günstig. Die Geschichte lehrt uns, dass der harte Kampf um die nackte Existenz vom 8. bis tief in das 12. Jahrhundert hinein für die einheimische Bevölkerung das treibende, ja allbeherrschende Motiv war. Der Rückschlag auf die Literatur ist unverkennbar. Nicht ausschließlich, aber in vorherrschender Weise befriedigte Isidors Compendium, jenes aus Bruchstücken antiker Gelehrsamkeit zusammengesetzte Conversationslexikon des Mittelalters, von dem wir ja zahlreiche Exemplare in den Handschriftensammlungen Spaniens nachweisen können, den nicht zu stark auftretenden Durst nach allgemeinem Wissen. Was darüber hinaus verfasst, compiliert, in den Klosterscriptorien durch librarii vervielfältigt wurde, entsprach — das muss nachdrücklich hervorgehoben werden — zumeist lediglich praktischen Bedürfnissen und Interessen. Man gebe die beredtesten Zeugnisse hiefür, die alten Bibliothekskataloge, einmal eingehender daraufhin durch: man findet Missalia, lectionaria antiphonaria, den sogenannten Liber 'Comicns' oder, wie es im Spanischen auch heißt, 'conmigo', also vor allem liturgische Bücher. Dann natürlich die Bibel, passiones, vitae sanctorum. Nur reiche Klöster und Kirchen verstiegen sich während des gedachten Zeitraumes zur Anschaffung, beziehungsweise Abschrift spätlateinischer gutchristlicher Gedichte; allenfalls wurden die hoch gerühmte Aeneis, die Metamorphosen Ovids, die Sittenbilder Juvenals copiert — die beiden letztgenannten Kinder der etwas profaneren Muse vielleicht zum Zweck der Erholung nach böser Buß- und Fastenzeit. Die arge Kriegsnoth verbannte jegliche andere Rücksicht auf dem Gebiete von Pergament und Calamus, wo doch das Schwert auf dem Felde zu sprechen hatte. Man wird vielleicht die allerdings unabsehbare Masse zum Theile uralter Urkunden, die sich bis zum heutigen Tage erhalten haben, als Argument gegen die vorgetragene Ansicht anführen wollen. Allein gerade diese Instrumente bestätigen das Gesagte. Sind es ja doch Schenkungen, Beneficienbriefe, Dotationen, im besten Falle Fueros, Stadtrechte, die in erster Linie vom Utilitätsprincipe dictiert waren. Wer sollte hingegen ein Interesse haben, längst vergangene Kriegsabenteuer, noch dazu in der Sprache des vulgus, in mühevoller Arbeit aufzuzeichnen, wenn man dergleichen im eigenen Lande mitmachen konnte, ja musste? Einen schlagenden Beweis für diese Tendenz, vielmehr Abstinenz bildet die Überlieferung der Volksromanzen; für diese existieren eigentlich gar keine alten handschriftlichen Quellen — sie wurden erst durch den Druck bekannt. In ähnlichen Verhältnissen liegt auch der Grund, dass sowohl vom Poema wie von der Crónica rimada und dem Gedichte vom Grafen Fernan

Gonzalez je nur eine einzige, verhältnismäßig junge Handschrift und
diese unvollständig auf uns gekommen ist. Für andere Helden-
gedichte, von denen wir bestimmt wissen, dass sie gesungen
wurden, besitzen wir überhaupt kein Textzeugnis.
Mit Absicht wurden die Verhältnisse des spanischen Schrift-
wesens in dem angedeuteten Zeitraume eingehender behandelt, weil es
nur auf Grund genauer Kenntnis derselben möglich wird, die weitere
Frage zu lösen: Wo ist die erste schriftliche Fixierung des Poema
del Cid erfolgt? Man weicht ihr nicht aus, wenn man sie mit
Rücksicht auf das Gesagte also formuliert: Wo, beziehungsweise
in welchen Kreisen waren die Bedingungen gegeben, welche die
Aufzeichnung eines im bisherigen Schriftthum ganz unbekannten
Gedichtes in ganz ungewohnter metrischer Form nicht nur anregen,
sondern auch ins Werk setzen ließen?

Alle, die über den Gegenstand geschrieben, stimmen überein,
dass Castilien die Heimat des Gedichtes, ein Castilier der Verfasser
sei; das leugnet auch Damas-Hinard nicht,[1]) sosehr er sich auch
bemüht, den elementaren französischen Einfluss bei Composition,
Metrik, Sprache des Gedichtes nachzuweisen, hiebei manches zu-
treffende bemerkend, des öfteren aber weit über das Ziel hinaus-
schießend.[2]) Betreffs des 'joglars', dem seiner Ansicht nach das
Poema den Ursprung dankt, bemerkt er: le poëte se plait à décerner
à Barcelone et à Valence des épithètes honorifiques, 'Valence la
belle', 'Barcelone la grande'; tandis qu'il nomme sans le moindre
éloge les villes les plus importantes de la Vieille ou de la Nouvelle
Castille. Das Gedicht scheint ihm aus diesen Gründen in Alt-
castilien, an der Ostgrenze des Landes, welche die Grafschaft
Barcelona und das Königreich Valencia berührt, geschrieben zu
sein, und Damas-Hinard stimmt hierin mit dem Urtheile Ticknors
überein. Bemerkenswert ist, dass diesem Urtheile gemäß Composition des Gedichtes und dessen Niederschrift zusammen-
fallen. Es wurde oben schon angedeutet, dass diese beiden Momente
zu trennen seien und uns zunächst das letztere zu beschäftigen habe.

Hält man unter den großen alten Scriptorien Nordspaniens
Umschau nach einer Stätte, wo die äußeren Bedingungen für umfassende und fruchtreiche Schreibthätigkeit die Aufzeichnung auch
eines Werkes rechtfertigen würde, das nach damaligen Begriffen
exotisch scheinen musste, gewiss aber aller bisherigen Tradition
der Textvervielfältigung zuwiderlief, so bietet sich zunächst Oviedo
dar. Die Ovetenser Kathedrale besaß schon 882 nicht weniger
als 41 kostbare codices; der ganz außerordentliche Reichthum an
Manuscripten wurde ständig vermehrt und war noch 1576 für den

---

[1]) Introduction S. XVI.
[2]) Cette influence de la langue française est visible à chaque
vers ou, si l'on veut, à chaque ligne du Poëme du Cid, soit dans la
forme et le sens(!) des mots, soit dans des accidents de grammaire tout
à fait singuliers, et qui, autrement, deviendraient inexplicables (S. LXX).

Abgesandten Philipp II., Ambrosio de Morales, Gegenstand größter Bewunderung. Aber derselbe Morales weiß nur von lateinischen Manuscripten der Kathedrale zu melden. Ciriaco Miguel Vigil (Asturias Monumental I 47 f.) weiß gleichfalls nichts über Ovetenser Handschriften altspanischer Literaturwerke zu berichten; auch ich fand in dem Kathedralarchiv von Oviedo nur eine einzige ältere Handschrift in spanischer Sprache — die consuetas der Kirche aus dem 15. Jahrhundert. Oviedo also, sehr wichtig als Centralstätte überaus regsamer Schreibthätigkeit im hohen Mittelalter, kommt hier außer Betracht, ganz abgesehen davon, dass es mit der Cidgeschichte in gar keiner Berührung steht. Einen Gegensatz zu Oviedo bietet Burgos. Diese heute sehr herabgekommene Stadt, ehemals Residenz des Königreiches, bildet in der Geschichte und Sage vom Cid den Angelpunkt auf der einen Seite, wie Valencia auf der anderen. Aber Burgos war, wie Baist gelegentlich zutreffend bemerkt, 'keine Dichterstadt'; auf dem Gebiete des Schriftthums überhaupt spielte es eine Rolle, welche seiner politischen Bedeutung auch nicht im entferntesten entsprach — erst in später Zeit brachte Bischof Pablo de Santa Maria († 1435) sowie der hervorragende Gelehrte Alvar Garcia de Santa Maria († 1460), dessen stattliche Bibliothek wir durch einen sorgsam abgefassten Katalog genau kennen, in das literarische Stilleben der Stadt einige Bewegung.

In früheren Jahrhunderten, speciell in jenen, die uns beschäftigten, hatte altspanisches Schriftthum viel geeignetere Pflegstätten gefunden als es die unruhige Hauptstadt war: ich meine die Benedictinerklöster, die rings um das Centrum geschart in der beschaulichen Abgeschiedenheit der Berge eine culturelle Thätigkeit entfalteten, die auf jedem Gebiete unsere vollste Aufmerksamkeit erheischt, nicht zuletzt auf dem Gebiete der Literatur. Als zufolge Weisung der bulla Benedictina im Jahre 1338 die Oberhirten der beiden angesehensten dieser Klöster, Juan IV., Abt von Santo Domingo de Silos, und Juan del Campo, Abt von San Pedro de Cardeña, eine geistliche 'visita' in den Benedictinerklöstern der Provinz veranstalteten, da konnten sie in den meisten derselben einen Reichthum an kunstvoll geschriebenen Handschriften finden, von dem wir heute kaum eine Vorstellung zu geben in der Lage sind. Gehörten doch zur Benedictinercongregation von Castilien, die gegen Mitte des 15. Jahrhunderts feste Gestalt annahm, Klöster wie San Pedro de Arlanza, San Benito de Bages, San Pedro de Cardeña, San Zoil de Carrion, San Salvador de Celanova, San Millan de Cogulla, San Pedro de Eslonza, Santa Maria de Irache, San Salvador de Lerez, San Pedro de Montes, Santa Maria de Nájera, San Salvador de Oña, San Benito de Sahagun, Santo Domingo de Silos, Santa Maria de Valvanera, von denen jedes einzelne eine bemerkenswerte Büchersammlung besaß.[1] Die führende

---

[1] Vgl. meine „Handschriftenschätze Spaniens" unter den einzelnen Ortsnamen.

Rolle spielten Cogulla, Silos, Cardeña und Sahagun, die eine ganz
außerordentliche literarische Thätigkeit entfalteten. Welchen Vortheil gerade das nationale Schriftthum aus dieser Thätigkeit zog,
lehrt ein Blick auf die ersten Blätter der spanischen Literaturgeschichte.

Wieviel der erste Schriftsteller, über dessen Lebensumstände
wir einigermaßen unterrichtet sind, Gonzalo de Berceo, dem Kloster
San Millan verdanke, deutet er selbst an ('En San Millan de Suso
fue de niñez criado'), und dies legen andere Zeugnisse noch deutlicher an den Tag. In der zweiten Hälfte des 13. Jahrhunderts
stellte Pedro Marin, Mönch von Silos, auf Grund der im Kloster
vorhandenen Materialen das Werk Miraculos romanzados como saco
santo Domingo los cativos usw. zusammen. Das Bruchstück der
sogenannten Disputacion entre el Cuerpo y el Alma findet sich
auf der Rückseite der Urkunde einer Schenkung des Abtes von
Oña, Pedro, an Miguel Dominguez aus dem Jahre 1201. Die
Abfassung des Poema del Conde Fernan González wurde von
Amador de los Rios aus guten Gründen einem Mönche von Arlanza
zugeschrieben. Genaue Ermittlung der Provenienz jener Handschriften, die uns altspanische Texte überliefern, wird zweifellos
einen noch tieferen Einblick in die verdienstvolle Thätigkeit jener
Benedictinerklöster auf dem Gebiete heimischen Schriftthums vermitteln. Dass Alfons X. den Quellenapparat für seine großen
literarischen Unternehmungen aus den Bibliotheken eben dieser
Stifte (Albelda, Nájera, Silos) entlehnte, beweisen die heute noch
erhaltenen Ausleihverzeichnisse.

Hält man nun Umschau unter jenen Pflegestätten nationaler
Literatur, um unter ihnen gewissermaßen den Geburtsort des Poema
ausfindig zu machen, so würde man sich zunächst leicht für Santo
Domingo de Silos entscheiden können. Dieses Kloster — während
der Zeit, die uns beschäftigt, eines der bedeutendsten und mächtigsten der Halbinsel — hatte auch, wie kürzlich Marius Férotin
gezeigt hat, auf dem Gebiete des Schriftthums eine führende Rolle
inne. Aus einem Silensercodex des 11. Jahrhunderts stammen jene
altspanischen Glossen, die Josef Priebsch in vortrefflicher Weise
ediert und erläutert hat.[1]) Sie sind das älteste gesicherte Zeugnis
für das Auftreten des Romance castellano. Diese Sprachproben
sind fragmentarisch und unausgebildet, immerhin von großer Bedeutung, wenn auch in anderer Beziehung eingewendet werden

---

[1]) Zs. f. rom. Phil. XIX (1895), S. 1 ff. Von den Initialen, die
im 'Indice del Codice Penitentiae Criminum' vorkommen: H. P. Fr. G.
H. M. P. D. S. D. D. S. Dia 25. de Iulio de 1772 löst Priebsch die
beiden ersten und fünf letzten richtig durch Hecho por .... de Santo
Domingo de Silos auf. Aus den Mittheilungen Férotins über den Katalog
von 1772 (Histoire de l'Abbaye de Silos, S. 257, Anm. 3) ergibt sich,
dass die übrigen Initialen Fr(ay) G(regorio) H(ernandez) M(onge) P(resbitero) bedeuten.

kann, dass die Verdolmetschung der 'casus penitentiales' gewiss einem praktischen, keineswegs einem literarischen Bedürfnisse entgegenkam. Wie aber Silos später durch Pedro Marin, durch die Unterstützung Alfons X. im eigentlichen Schriftthum eine Rolle spielte, wurde schon angedeutet. Zu erwähnen wären noch zwei wertvolle Handschriften, die sie besaß: die Vida del glorioso confesor Santo Domingo de Silos von Gonzalo de Berceo (heute verschollen) wie auch ein Exemplar der Siete Partidas (Theil I), jetzt Nr. 41 des Fonds Esp. der Pariser Nationalbibliothek.

In Silos konnte man also wohl schon zu Beginn des 13. Jahrhunderts genügendes Interesse voraussetzen, die erste Niederschrift des Poema del Cid zu veranstalten, zumal, wie wir wissen, der Held sich dem Kloster gar wohl gesinnt erwiesen hatte.[1] Der Inhalt des Poema macht diese Vermuthung aber unwahrscheinlich. Silos spielt in demselben gar keine Rolle, wird nicht einmal erwähnt. Hält man sich, wie man wohl muss, an das Gedicht als solches, so ergibt sich der richtige Fingerzeig von selbst.

Damas-Hinard folgerte aus gewissen epitheta ornantia für Barcelona und Valencia, dass der Verfasser des Poema, obwohl Castilier, in der Nähe der Grafschaft und des Königreiches lebte, deren Hauptstädte bella und grande genannt werden. Was sollen wir aber zu der Rolle sagen, die San Pedro de Cardeña in dem Gedichte spielt? Unter rund 3700 Versen, die von dem Poema del Cid erhalten sind, behandeln 209—211, 232—391, 1285 f., 1393—1430, d. h. mehr als 200, Cardeña oder (ganz kurze Abschweifungen abgerechnet) das, was dort geschah; wobei wohl zu bemerken ist, dass Cardeña diese Rolle nicht sowohl in den 'gesta', sondern vielmehr im Privatleben des Cid spielt. Ja, aufmerksamen Lesern wird der Gegensatz nicht entgehen, dass der Cid, der so viele Tausende zu Sieg, Ruhm und Reichtbum führt, für seine Person und Familie Schutz und Unterstützung in — Cardeña findet. Dieses Moment findet logischerweise zunächst im Beginne der Dichtung beredtesten Ausdruck, erhält, die Erzählung von Cids Siegeszügen gewissermaßen retardierend, bei der Abholung der Gattin und der Töchter des Cid aus dem Kloster neue Beleuchtung, ist überhaupt hier durchaus mit bewusster Zähigkeit festgehalten. Cardeña ist der Punkt, an dem der Cid noch zuletzt sich aufhalten will, da er im Begriffe ist, als Verbannter die Heimat zu verlassen; dort weilt das Köstlichste, was er besitzt: die Gattin und die zarten Töchter (V. 209 ff.). Noch graut kaum der Morgen, da der Cid dem Kloster naht; Abt Don Sancho, 'christiano del Criador', liest die Frühmesse. Doña Ximena mit

---

[1] Rodric Didaz und seine Frau Scemena schenken Silos am 12. Mai 1076 die Hälfte der Städte Peñacova und Frescinosa. Nach dem Original (in dem der Cid mit einem † unterzeichnet) herausgegeben von Férotin, Recueil S. 21 ff.

fünf ihrer Frauen beten zum Schöpfer für den Cid und rufen den Schutzheiligen der Kirche, San Pedro, um seine Fürbitte an (V. 232 ff.). So ist gleich bei der Ankunft des Cid die Weihe des Ortes mit wenigen gut geführten Strichen in den Vordergrund gerückt. Man ruft an der Thüre, der Cid, heißt es, naht. Dios, que alegre fue el abbat don Sancho! Mit Fackeln und Leuchten läuft man über den Hof, ihn zu empfangen. Abt Sancho dankt Gott für die Freude und bietet dem Cid Gastfreundschaft an; man merke wohl, dem Cid, dem vom König so grausam verfolgten, dass auch nur Abgabe von Speise und Trank an den Geächteten bei Todesstrafe verboten war. Der Cid als Caballero belohnt die Gastfreundschaft für sich und die Seinen mit klingender Münze. Eines Tages soll die Gabe verdoppelt werden: Non quiero fazer en el monasterio vn dinero de daño. Bemerkenswert sind auch die folgenden Verse, in denen der Cid Frau und Kinder aufs angelegentlichste der Fürsorge des Abtes empfiehlt. Auch hier vergisst der Dichter nicht hinzuzufügen: 'Por vn marcho que despendades al monasterio dare le yo quatro'. Es folgt dann die rührende Unterredung zwischen den beiden Ehegatten; hierauf: Grand iantar le fazen al buen Canpeador. Tañen las campañas en San Pero a clamor. Das Kloster ist auch der Sammelpunkt der Mannen, welche den Cid bei seiner Ausfahrt begleiten wollen (Vansse pora San Pedro do esta el que en buen punto nacio). Der Cid hält eine Ansprache und ermahnt sie, sich bereit zu halten; das Zeichen zum Aufbruch soll wieder eine heilige Handlung geben:

En San Pero a matines tandra el buen abbat,
La missa nos dira, esta sera de santa trinidad.
La missa dicha penssemos de caualgar.

Das lange, tief ergreifende Gebet Ximenas für ihren Gatten findet wieder vor dem Altar des Klosters statt: E rruego a San Peydro, que me aiude a rrogar Por myo Cid el Campeador, que Dios le curie de mal. Die letzten Worte der Scheidenden gelten aber dem Abte (V. 383 ff.). Ximena und ihre Töchter werden ihm neuerdings empfohlen, ja auch für alle Mannen, die sich noch dem Cid anschließen wollen, soll er Wegweiser sein. Damit schließt die erste Episode zu Cardeña (V. 391). Auch die zweite, welche das Einholen von Doña Ximena und ihrer Töchter durch Mynaya schildert (V. 1391 ff.), zeichnet sich durch einige ungemein charakteristische Züge aus. Ausdrücklich wird hervorgehoben, dass der Bote sich zuerst an den Schutzpatron des Klosters wendet, dann erst Cids Angehörigen seinen Auftrag überbringt: Quando acabo la oracion, a las dueñas se torno. Wieder ist Cardeña der Sammelpunkt jener, die sich Minaya anschließen wollen, um zum Cid zu stoßen. Minaya erfüllt aber seinen Auftrag, soweit er Cardeña betrifft, nicht ganz. Tausend Mark Silber sollte er dem Auftrage des Cid gemäß nach San Pero bringen (V. 1285), nur fünfhundert davon übergibt er dem Abt. 'De los otros quinientos dezir vos he que faze' fährt der Dichter fort. Minaya kauft dafür den Frauen, die er nach Valencia geleiten soll, die besten guarnimientos, die er in Burgos finden kann, palafres e mulas que non parescan mal. Minaya, 'el bueno de Minaya', hat in untadeliger Weise gehandelt, aber das Kloster ist doch um fünfhundert Mark zu kurz gekommen. 'Aqueste monesterio' wünscht zum Abschied der Abt, 'no lo quiera olbidar'. Todos los dias del sieglo en levar lo adelant El Cid siempre valdra mas'. Die bedeutsame Verheißung, mit welcher diese zweite Episode endigt, schließt also auch die Bitte ein, des Klosters nicht zu vergessen.

Es ist nicht recht erfindlich, wer diese Worte hätte niederschreiben können, wenn nicht eine Persönlichkeit, die mit Cardeña in innigster Fühlung stand. Aber auch abgesehen von den zuletzt angeführten Zeilen, die allerdings erst verständlich werden, wenn wir sie im Interesse des Klosters geschrieben sein lassen: wie ist die auffallend belangreiche Rolle, welche das Kloster im Poema spielt, anders zu erklären, als durch das Bestreben, das Heiligthum San Pedros dauernd mit dem Andenken an den Cid zu verknüpfen?

Es liegt nahe, dieses Streben aus der Thatsache abzuleiten, dass der Cid, der 'espejo de caballeria', in der späteren Sage als Nationalheld, als Verkörperung des edelsten Volksbewusstseins, der Freiheit und Unabhängigkeit vom fremden Joche, verklärt erschien. Aus diesen Motiven könnte man ohneweiters die Annahme gerechtfertigt finden, dass die Mönche von Cardeña glücklich waren, diesen Helden als denjenigen für sich zu reclamieren, dem sie als Dürftigen und Geächteten Wohlthaten erwiesen und die Wege zur Siegeslaufbahn geebnet haben. Aber man wird gut thun, sich die Zeit des Kampfes und der allgemeinen Kriegsnoth zu vergegenwärtigen und nach praktischeren Motiven zu suchen. Die Sache hat in der That einen tieferen oder, sagen wir besser, einen realeren Hintergrund.

Ob die Behauptung Férotins (Histoire de l'Abbaye de Silos S. 54, Anm. 1): 'le Cid aimait, au retour de ses expéditions, à se reposer à Cardeña' durch authentische Urkunden beglaubigt wird, kann ich nicht sagen. Thatsache ist, dass seine Beziehungen zu Cardeña vielfache und freundschaftliche waren. Die Urkunde seiner Schenkung an Silos wurde in Cardeña ausgefertigt (sub arcis monasterii, quem vocitant Karadigna), und der Held zeichnet eine Reihe von Urkunden an der Seite des Abtes von Cardeña (zum Theile zusammengestellt von Férotin a. a. O. Anm. 2 und S. 75, Anm. 1). Die Ereignisse, welche das Andenken des Cid dauernd an unser Kloster knüpfen sollten, erfolgten jedoch nicht während des Lebens des Helden, sondern nach seinem Tode. Der Cid wurde in Cardeña unter Entfaltung eines außergewöhnlichen Prunkes begraben; an seiner Seite ruhte später auch seine Gattin; Cardeña wurde ferner Ruhestätte seiner Töchter Doña Elvira und Doña Sol, ferner einer ganzen Reihe seiner Verwandten und Kampfgenossen; ja auch das Kampfross Bavieca wurde vor dem Klosterthor begraben. Die Beschreibung von dem ungeheuren Aufsehen, welches die pompa funebris des Nationalhelden in ganz Spanien hervorrief, muss man in den betreffenden Capiteln der Cronica particular nachlesen (Cap. CCLXXXVI ff. De como levando al Cid sus compañas para Castilla, salieron al camino el Infante de Aragon, su yerno, e doña Sol, fija del Cid, e despues el Rey de Navarra con doña Elvira, su muger, e de como todos se vinieron juntamente con el Cid para San Pedro de Cardeña. — De como el Rey don Alfonso partió de Toledo para san Pedro de Cardeña ... e de las muy nobles obsequias que el Rey don Alfonso fizo fazer a las honras del Cid. — De como pusieron al Cid assentado en su escaño con mucho aparato, a la man derecha del altar de san Pedro de Cardeña usw.). Erschien also schon die Bestattung des Cid für das Kloster ein Ereignis, mit welchem sich kein anderes in der ganzen Geschichte desselben nur annähernd an Bedeutung messen konnte, so waren die Wunder und Zeichen, die sich nachher an der Grabesstätte ereigneten, darnach angethan, das Andenken an den Helden so wach als möglich zu erhalten. Er wurde factisch eine Art Schutzpatron des Klosters, wie man ja allen Ernstes daran dachte, ihn heilig sprechen zu lassen.

Die Mönche zu Cardeña waren klug genug, diese Umstände zu nützen. In welcher Weise, deutet eine Urkunde Alfons XI., eines Bewunderers des Cid, an, durch welche die Silenser Mönche 'por honra de los Reyes onde yo vengo è del Cid Ruy Diaz, è de otras personas honradas, que yacen enterradas en el dicho Monasterio' von den Abgaben an die königlichen Rentcommissäre befreit wurden (Berganza, Antigüedades II. S. 187).

Es sei also nochmals hervorgehoben: Das Gedicht steht mit Cardeña in innigster Fühlung; unwiderlegliche Indicien beweisen, dass es im Interesse des Klosters verfasst wurde. Ob aber auch in demselben, d. h. von einem sonder Zweifel hochbegabten Mitgliede der klösterlichen Scriptoriumgilde aufgezeichnet? Diese Unterscheidung ist nicht überflüssig. Es läge ja nahe, auf Bercos Vida de Santo Domingo de Silos hinzuweisen. Dieser Weltpriester, welcher Erziehung und Amt dem Kloster San Millan de Cogolla verdankt, widmet ein ganzes Werk der Verherrlichung eines Heiligen von Silos. Eine zwar durch kein äußeres Zeugnis zu stützende, aber immerhin mögliche Vermuthung könnte dahin gehen, dass das, was Berceo freiwillig that, die Verherrlichung des Heros eines Nachbarklosters, von Cardeña in irgendeiner anderen Pflegestätte nationaler Tradition und Poesie bestellt, sagen wir nur beeinflusst war. Erst wenn gezeigt werden kann, dass Berceos Vida de Santo Domingo, das einzige hier in Frage kommende Beispiel, in Absicht und Durchführung auch von dem Theile des Poema abweicht, wo der Cid als Held für Cardeña in Anspruch genommen wird, und wenn andererseits Cardeñas Schule sich als fähig erweist,

einem Denkmal, wie es das Poema ist, jene Gestaltung zu geben,
die heute vor uns liegt — erst dann wird jene Vermuthung
hinfällig. Dass der Vergleich mit der Vida de Santo Domingo nur ein
äußerlicher ist, lässt sich unschwer nachweisen. Berceo schrieb
diese Vida in derselben Absicht wie jene S. Millans, der Santa
Oria, wie das Martyrio de S. Lorenzo und die Milagros de nuestra
Sennora. Ihn erfüllt der Zweck, Beispiele für Andacht und Erbauung zu geben; er strebt darnach, in der lengua vulgar mitzutheilen, was längst lateinisch vorhanden war: Muchos son los
padres que fiçieron tal vida, Yace en Vitas Patrum dellos una
partida (V. S. D. 61). Zwischen den exemplarischen Mustern für
geistliches Leben und dem Nationalheros, dem Einzigen, ist ein
großer Unterschied. Bei einem dieser Muster, bei Santo Domingo,
war also die Person die Hauptsache, nicht die Stätte, an der er
wirkte. Ja, Silos tritt insoferne in den Hintergrund, als es ja
San Millan war, wo Santo Domingo zuerst aufgenommen wurde
(Vino a San Millan, logar bien ordenado, c. 83, vgl. auch 113 ff.).
Der Prior von S. Millan (c. 206) ist es also, dem der Lobgesang
gilt. Berceo verleugnet demnach seinen Localpatriotismus nicht,
und Silos erhält in der vida kaum ein größeres Relief als Arlanza,
von dem Berceo so viel Rühmliches zu sagen weiß (c. 265). Die
geradezu souveräne Rolle, welche Cardeña in dem ersten Theile
des Poema — in dem einzigen, wo dies überhaupt möglich war —
spielt, sticht grell von der gleichgiltigen Behandlung ab, die
Berceo dem Kloster Silos angedeihen lässt. Manche Details der
Vorgänge zu Cardeña sind in dem Poema mit einer Anschaulichkeit geschildert, welche nur aus der lebendigsten Tradition an Ort
und Stelle geschöpft sein kann. Die Quellen derselben, überhaupt
die literarische und wissenschaftliche Thätigkeit der Mönche von
Cardeña zu jener Zeit auch nur in annähernder Vollständigkeit
darzustellen, ist heute freilich nicht mehr möglich. Das hätte im
fünfzehnten, spätestens sechzehnten Jahrhundert geschehen müssen
— jedenfalls lange bevor Berganza die Materialien zu seinem für
jene Zeit (1719) classisch zu nennenden Werke Antigüedades de
España zusammenstellte.

Nachdrücklich kritisiert Berganza die sträfliche Lässigkeit
der früheren Bücherverwalter zu Cardeña. 'Despues que se introduxo en España', sagt er a. a. O., I, S. 215 'el vtilissimo artificio de la Imprenta ... los Monges desistieron de el plausible
exercicio de escrivir: y otros, no advirtiendo el respeto, que morecian
dichos libros antiguos manuscritos, por juzgar, que ya no eran
necessarios, los deshojaban para hacer cartones, con que aforraban
otros libros, que no hicieran mucha falta, aunque no se huvieran
impresso. Creo, que de este modo desaparecieron y malograron muchos libros que escrivieron monges de esta
casa: y juzgo, que huvieran perecido todos, si no se huviera

tomado la providencia de cerrar en el Archivo los que quedaron.'
Gleichwohl waren die Überbleibsel der alten schönen Bibliothek,
die Berganza noch einsehen konnte, immer noch weit wertvoller
als die wenigen, meist jungen Caradignenses, die sich bis auf den
heutigen Tag erhalten haben: er erwähnt und benützt einen alten
Codex der regulae monasticae, Gregors Moralia von Gomez Diaconus era DCCCCLII geschrieben, eine Bibel, die vielleicht von
demselben Schreiber hergestellt war, ferner eine prächtige Handschrift: Cassiodorus in Psalmos, welche gleich zu Beginn die Notiz
enthält, dass Meinio und Gugina neben anderen Geschenken 'hoc
peculiariter munus' dem Kloster gewidmet — nämlich: 'obtulerunt
optimum pretium ad conscribendum librum, Decade videlicet omnium
Psalmorum.' Also abermals ein Beweis dafür, dass die Anfertigung
einer Handschrift noch im X. Jahrhundert (der Codex ist Era
DCCCLXXXVII geschrieben) ein recht kostspieliges Unternehmen
war. Als Schreiber nennen sich hier Endura Sacerdos und dessen
alumnus, der Notar Sebastianus. Alle diese Handschriften sind heute
verschollen. Ich glaube also mit Recht annehmen zu können, dass
die dreizehn Handschriften, welche aus Cardeña nach Madrid, und
zwar in die Bibliothek der Real Academia de la Historia gebracht
wurden, nur klägliche Überreste einer im Mittelalter sehr reichen
Bibliothek darstellen (Liste dieser 13 Handschriften im „Boletin"
der Akademie II [1851], S. XVIII f.). Unter ihnen findet sich nur
eine ältere Handschrift; sie enthält die Etymologien Isidors 'scriptoribus Endura presbiter et Didaco diaconus sub era DCCCCLXL'.[1])
Das gleiche Schicksal hatte das Archiv des Klosters. Aus diesem,
beziehungsweise den Cartularen (Becerro gótico und Libro de las
Tablas), wie auch aus einzelnen Pergamenten konnte Berganza im
Anhange zu Band II der Antigüedades mehr als 200 Urkunden und
nebstdem im Texte fast eine ebenso große Zahl von Documenten
mittheilen. Der Becerro gótico ist verschwunden, von dem außerordentlich reichen Urkundenschatze des Archivs sind nicht mehr
als 130 Stücke nach Madrid (in das Archivo Histórico) gelangt.[2])

Die Schwierigkeit, unter solchen Verhältnissen die Vorbedingungen für das Entstehen eines literarischen Denkmals wie des
Poema gerade in Cardeña aufzuzeigen, ist einleuchtend. Aber
gerade der Umstand, dass wir ohne Berganzas Materialien, welche
die Lücke in unseren Kenntnissen wenigstens einigermaßen ausfüllen, überhaupt nichts von dem literarischen Leben in diesem
Kloster wüssten, muss als eine Art von Warnung gelten, Mangel
an Nachrichten über Denkmäler nationalen Schriftthums mit Mangel
an diesen selbst auch dort zu identificieren, wo alle anderen Indicien
das Gegentheil erweisen. Schon aus den von Berganza gebotenen
Proben dürfen wir annehmen, dass Cardeñas Cartular weder an
Umfang noch an Bedeutung von dem irgend eines anderen spanischen Klosters übertroffen wurde. Besonders wichtig sind für

---
[1]) Vgl. Ewald, Reise, S. 335.
[2]) Férotin, Cartulaire, S. 14 f.

uns die sprachlichen Indicien. Den Schenkungsact aus dem Jahre 1173 muss man, wie früher bemerkt, der Diction nach als Umarbeitung aus späterer Zeit ansehen; das Gleiche gilt von einem Acte aus dem Jahre 1193 (a. a. O. II, S. 472), noch mehr von der spanischen Fassung eines Urtheilsspruches aus dem Jahre 1180, wo Berganza selbst auf einen Irrthum aus dem 'Original' hinweist. Echt hingegen, auch der sprachlichen Form nach, ist das Kaufinstrument aus dem Jahre 1211,[1]) ferner die Urkunden aus den Jahren 1215, 1231 u. a., sämmtlich altcastilianisch und aus dem Archiv Cardeñas von Berganza a. a. O. mitgetheilt. Das Silenser Cartular, von Férotin bekanntlich aus allen Urkunden zusammengestellt, deren er habhaft werden konnte, enthält überhaupt keinen ausgebildeten Romancetext aus dem ersten Viertel des 13. Jahrhunderts. So steht das Kloster Cardeña rücksichtlich des wichtigsten Moments, der in seinem Kreise fortgeschrittenen Ausbildung der Vulgärsprache, mit den höchststehenden Pflegestätten derselben zu Beginn des 13. Jahrhunderts mindestens in gleicher Linie, und das wichtigste Mittel zur Mitarbeit an dem nationalen Schriftthum stand den Mönchen zu Cardeña ebenso zugebote, wie denen zu Silos, S. Millan, Arlanza und Oña. Die erste Anwendung in der Literatur (hier natürlich in weiterem Sinne gefasst) dürfte die Vulgärsprache zu Cardeña außer in den Urkunden in den sogenannten „Memorias de la casa", chronikartigen, ursprünglich lateinisch abgefassten Aufzeichnungen, gefunden haben. Berganza, der über ihre Unvollständigkeit klagt (a. a. O. II, S. 578), hat auch von diesem Materiale nur einen Theil veröffentlicht. Die castilianische Fassung, wie sie Berganza mittheilt, stammt frühestens aus der zweiten Hälfte des 13. Jahrhunderts; ein Supplement gewiss aus noch späterer Zeit. Der Herausgeber deutet aber selbst mehrere Übertragungen des ursprünglichen Textes an (Traductor del Cronicon vulgar o el ultimo Copiador), und thatsächlich weisen manche Spuren auf frühere Zeit zurück.[2]) In dem alten Necrologium des Klosters, das Berganza leider nicht vollständig mittheilt, heißt es: Mio Cid Roy Diaz yace antel Altar del Señor Sant Peydro, y facenle Aniversario por mucho bien, que fizo en

---

[1]) Man vgl. z. B. den Satz aus demselben: roboro vobis... illos meos proprios duos ortos, quam habeo en Quintaniella de Bon: el vno entramas las puentes, et el otro la glera et por CLX morabetinos bonos .. et so pagado de illos mit dem Eingange des ersterwähnten Documentes, das 42 Jahre später geschrieben sein soll: yo Mari Roiz, morador en el hospital ... que es en el camino frances en uno con mios sobrinos ... fijos de .. mi hermana damos a vos.. por a servicio de los pobres del hospital avant dicho el nuestro Palacio ....

[2]) Richtig bemerkt Dozy (Recherches II', 75: Ceux qui écrivaient ces notices sur les premières feuilles d'un livre, laissées en blanc, étaient ordinairement des clercs contemporains des évènements qu'ils notaient.... Il ne faut donc pas croire que les notices qui se trouvent dans une courte chronique qui s'arrête à telle année du XIII° siècle, n'ont été écrites que vers ce temps là; presque toujours elles sont beaucoup plus anciennes et souvent elles ont des contemporains pour auteurs.

este Monesterio, y nos gano algunas cosas que havemos; que por el su ruego nos las dieron los Reyes. — Das ausführlichste Werk über Leben und Thaten des Cid besaß jedoch das Kloster in dem Exemplare der Cronica (particular) del Cid, das Berganza noch sah und benützte, das aber heute wie die übrigen von ihm erwähnten Handschriften verschollen ist.[1]) Die Cronica del Cid ist kein Originalwerk, sie ist, wie wir sahen, auf Grund des vierten Buches der alfonsinischen Cronica general abgefasst, kann daher nicht aus dem Anfange des 13. Jahrhunderts stammen. Um jedoch jenen Theil des vierten Buches der Cronica general zusammenzustellen, für den das Poema del Cid nicht mehr als Quelle dienen konnte, d. h. für jenen Theil, der Cids Tod und Begräbnis, die Wunder an der Grabstätte zu Cardeña usw. in so ausführlicher Weise behandelt, mussten Alfons X. sehr detaillierte „Memorias de la Casa" über diesen Gegenstand zur Verfügung stehen,[2]) die er in dem genannten Theile verarbeitete, wie dies Amador (Hist. crit. III 588, Anm. 2) mit den Worten: 'Que el Rey Sabio consultára las tradiciones locales de Cardeña no puede ponerse en duda, leidos los últimos capitulos que al Cid se refieren' angedeutet hat.[3]) Ist es aber richtig, ja selbstverständlich, dass diese Memorias, die Quelle für jene späteren Capitel, des alfonsinischen Werkes, wie das Poema sie erwiesenermaßen für eine Reihe der früheren war, nur von den Mönchen zu Cardeña geliefert, beziehungsweise verfasst sein konnten: dann darf wohl kein Zweifel mehr bestehen, dass auch das Poema einem von ihnen seinen Ursprung verdankt.

Ich denke hier zunächst an eine Art der Bearbeitung, nicht an die Dichtung in ihrer Gesammtheit. Es hieße alles, was man von der vorherrschend reproducierenden Thätigkeit der geistlichen Schriftsteller Spaniens aus jener Zeit weiß, auf den Kopf stellen, wenn

---

[1]) Martinez Añibarro y Rives, Intento de un diccionario biográfico y bibliográfico de autores de la Provincia de Burgos (Madrid 1889), p. 53: 'cuyo paradero ignoro'.

[2]) Ein großer Theil der den Cid betreffenden Urkunden des Archivs von Cardeña gieng, wahrscheinlich bei den Verhandlungen betreffs seiner Canonisation, verloren. Berganza. a. a. O. I. 582.

[3]) Diese vollkommen richtige Erklärung hat Amador darauf (Bd. IV. S. 397) in directem Widerspruche mit sich selbst zurückgenommen unter der etwas vagen Begründung, dass 'die Initiative zur spanischen Prosa-Schriftstellerei nicht von den Klöstern ausgehen konnte'. Die Erklärung für die zahlreichen Details, die Alfons X. aus Cardeña über die Exequien des Cid, über seine Grabstätte usw. mittheilt, wären unmöglich, wenn wir nicht annehmen, dass ihm hierüber ein ausführlicher Bericht vorlag, der doch wohl in ungebundener Rede abgefasst war. Wie ein Literarhistoriker von den Kenntnissen Amadors, der ja Pedro Marins miraculos romanzados gelesen hat, den spanischen Klöstern Prosa-Schriftstellerei absprechen kann, verstehe ich nicht. Man vergleiche den Bericht über Cids Testament (Cron. part. 281), über die Bekehrung des Juden an dem Hauptaltar in Cardeña usw., und frage sich, wer das mitgetheilt haben könne. Wieder hat Amador Anstrengungen gemacht, Schwierigkeiten auf 16 Seiten (a. a. O. 393—400) zu behandeln, vielmehr zu verschärfen, die Dozy durch vier Zeilen bereits aus der Welt geschafft hatte.

man annehmen wollte, das Gedicht sei ganz und gar dem Ingenium eines sei es auch noch so begabten Klosterbruders von Cardeña entsprungen, wie Jupiters Haupte Pallas Athene. Tüchtig in der formellen Composition, wie es die Spanier überhaupt auch heute noch sind, hat unser Autor die Einzellieder, die lange gesungen wurden, bevor sie dem Poema als Grundlage dienten,[1]) benützt, verbunden, gefeilt und ergänzt, letzteres gewiss, so weit dies sein Kloster betraf. Wenn vieles herb, unzusammenhängend, ja hart erscheint, so sind diese Mängel durch die außergewöhnlichen Schwierigkeiten begründet, welche sowohl Behandlung der Sprache, wie Behandlung des Stoffes darboten. Wie der Ausdruck schlicht und doch markig, keck zugreifend und doch rührend ist, so sind dem Redactor auch in der Stoffgestaltung namentlich zwei Punkte vortrefflich gelungen: Das Relief, in welches Cardeña gleich von allem Anfange an gerückt wird (s. o.), wie das Motiv für den tragischen Conflict. Cid, der Sieger über alle und über alles, auch über den Zorn seines Königs, kann am härtesten nur durch tückische Misshandlung seiner zarten Töchter getroffen werden. Darum muss das Moment der Sorge des Vaters um die Verheiratung seiner Töchter in den Vordergrund treten — in dem Poema deswegen ein Hochzeitsgedicht zu sehen, wie Wolf und auch Dozy wollten, wird nach dem Gesagten wohl nicht möglich sein.

Solche Gruppierung, beziehungsweise Bearbeitung alten poetischen Guts in einer angesichts der großen Schwierigkeiten überraschend gelungenen Weise verräth dichterische Kraft. Einen 'joglar' nennen einige Forscher den Autor unseres Poema. Er war es in dem Sinne, wie sich Berceo als 'joglar' des Santo Domingo oder der Virgen bezeichnet;[2]) er steht mit diesem wie auch mit dem Mönche von Arlanza, dem wir die heutige Fassung des Poema de Fernan Gonzalez verdanken, in dieser Beziehung auf einer Linie. Sehr richtig urtheilt Wolf, dass das Poema ebensowenig wie die Cronica rimada zur eigentlichen Juglarpoesie zu rechnen seien, wie

---

[1]) Vgl. Ferdinand Wolf, Studien. S. 32. Hübsch vergleicht Fernández Guerra das lange Leben der vulgären Sprache und Poesie neben der im Schriftthum bis in so späte Zeit allein geltenden lateinischen mit dem Baskischen einer- und dem Spanischen andererseits: .. 'hállanse en esta lengua (latina) mas ó ménos bastardeada, todos los instrumentos públicos y privados, pasando con el romance vulgar entónces lo propio que hoy mismo sin extrañeza vemos que sucede con el vascuense, lengua comun de extenso territorio, y jamás de las escrituras y públicos documentos. Registrando los muchos del siglo XI y de los dos primeros tercios del XII que en su archivo guarda la Real Academia de la Historia, no vi tan sólo uno dictado en vulgar romance'. El Fuero de Avilés, Discurso, Madrid 1865. S. 39.

[2]) Vida de Santo Domingo de Silos, 289:
miraglos — cuyos ioglares somos
775 Quierote por mi misme, padre, merçed clamar,
Ca ovi grant taliento de seer tu ioglar.
776 Padre entre los otros a mi non desampares
Ca diçen que bien sueles pensar de tus ioglares.

er auch bezweifelt, dass diese Gedichte zum Singen bestimmt waren.[1]) Die Anrede des Autors des Poema an die 'Sennores', welche für einen eigentlichen Juglar als Dichter sprechen soll, wie z. B. Amador meint, findet sich in gleicher Weise bei Berceo.[2]) Die wichtige Frage zu lösen, wie unser Dichter das der Volkssage entnommene Material bearbeitet hat, ist Aufgabe der stoffgeschichtlichen Forschung, nicht die unserer Studie, welche mit der im Vorstehenden gegebenen und, wie zu hoffen, ausreichenden Antwort auf die vielgestaltigen Fragen nach der documentarischen Überlieferung des Poema ihren Abschluss findet. Ebensowenig können hier sämmtliche Schlussfolgerungen aus den Ergebnissen gezogen werden. Einige vorläufige Andeutungen müssen da genügen. Wir sehen nun, warum die Schöpfung eines 'clérigo', Kunstdichters, ein Gepräge erhielt, welches den eigentlichen nationalen Kern, die echte Volkspoesie auch kundigen Beurtheilern zu verbergen geeignet war. Aber auch auf gewisse Einzelnheiten wird, wenn man die dargelegten Resultate festhält, helles Licht geworfen. Man erinnere sich z. B. an die Episode, in welcher die beiden sonst gewiss geriebenen Juden Rachel und Vidas die Rolle der vom Cid schmählich dupierten Einfaltspinsel spielen. Der Heros braucht Geld, leiht sich von den Juden 600 Mark aus und übergibt ihnen als Pfand zwei große, kostbar gearbeitete Truhen mit der Bedingung, dieselben nicht zu öffnen. Der Cid lässt durch Martin Antolinez sagen, die Truhen wären voll köstlichen Goldes. In Wirklichkeit enthalten sie nichts als Sand. Die Juden gehen willig auf den Handel ein und geben dem Cid die gewünschten 600 Mark. Was der Cid thut, ist, auf gut Deutsch, gemeiner Betrug und wird gleichwohl in 125 Versen behaglich breit mit allen Einzelheiten geschildert. Schon die Cronica del Cid thut die unangenehme Sache in wenigen Zeilen ab und legt das Hauptgewicht darauf, dass der Held entschlossen war, die Juden baldmöglichst zu entschädigen. Eine jüngere Romanze lässt gar an die Stelle der ominösen Kisten 'freundliche Liebkosungen' treten, durch welche die Juden zur Gewährung eines ansehnlichen Vorschusses bewogen werden. Damas-Hinard sieht hierin einen 'progrès du sentiment moral'. Was mag aber unseren clérigo von Cardeña zu solcher Ausführlichkeit in dieser Erzählung veranlasst haben? Die Antwort ist leicht: Die eine der beiden Truhen befand sich noch zu Berganzas Zeit im Kloster Cardeña und wurde sammt dem zu ihr gehörenden Schlüssel mit höchster Sorgfalt gehütet (Berganza, Antigüedades I., 575), die andere, vielleicht auch ursprünglich in Cardeña aufbewahrt, in der nahen Kirche Santa Agueda de Burgos. Ähnlich verhält es sich mit einer anderen Cid-

---

[1]) Studien. S. 428. Anm. 1.
[2]) Vida de Santo Domingo de Silos,
    287 En esto lo debemos, sennores, entender.
    288 Sennores, Deo gracias, contado vos avemos.
Ebenso Vida de San Millan 108, 109, 320 u. ö.

reliquie, dem sogenannten Christo de las Batallas, die Berganza ausführlich beschreibt (a. a. O.). Auch erwähnt er, dass sich über dem Grabmale des aus dem Poema wohlbekannten Bischofs Hieronymus in Salamanca 'la imagen del Crucifijo, llamado de las Batallas del Cid' befand und fügt hinzu: Acaso este Crucifiao fueran las Armas, con que Don Geronimo entraba en campaña. Die Anspielung Vs. 2875 des Poema 'Pendon trayo a corças e armas de señal', auf die schon Damas-Hinard aufmerksam machte, wird nun erst recht verständlich. Die Rolle, welche die Schwerter Cids, Colada und Tizon, im Poema spielen, ist bekannt; 'Tizon que mill marcos doro val' heißt es an einer Stelle; bei den Cortes von Toledo müssen die Grafen von Carrion die vom Cid erhaltenen Schwerter wieder zurückstellen und zunächst in die Hand des Königs legen; dieser 'saca las espadas e rrelumbra toda la cort: Las maçanas e los arriazes todos doro son. Maravillan se dellas todos los ombres buenos de la cort'. (Vgl. Vs. 2426. 2434, 2727, 3153, 3167 ff.) Von dem Schwerte Tizon wissen wir bestimmt, dass es einige Zeit in Cardeña war. Die Leiche des Cid wurde, nachdem sie in Cardeña angelangt war, auf den escaño precioso gesetzt, welchen das Poema ausdrücklich erwähnt — 'venid aca, ser, Campeador, en aqueste escaño quem diestes vos en don. Mager que algunos pesa, mejor sodes que nos' ruft der König zum Cid bei den Cortes (Vs. 3114 ff.) — und ihr das Schwert Tizon in die linke Hand gegeben, während die rechte die Schnüre des Mantels hielt. In dieser Stellung blieb die Leiche an der Seite des Hauptaltars geraume Zeit (Cronica particular Cap. CCLXXXVIII, Huber. p. 308).[1])

Ich zweifle nicht, dass sich noch andere Beziehungen zwischen der Klostertradition zu Cardeña und manchen Einzelheiten des Poema feststellen lassen werden. Auch die geographischen Daten, die sich im Poema finden, lassen sich am besten beurtheilen, wenn man den Standpunkt von Cardeña aus nimmt, und dies in positiver wie negativer Beziehung. Die auffallende Vernachlässigung Toledos, auf welche Damas-Hinard aufmerksam machte, erklärt sich daraus, dass Cardeña mit Toledo zu Beginn des 13. Jahrhunderts nur sehr wenige Beziehungen hatte. Dagegen spielt ein verhältnismäßig kleiner Flecken, Sant Estéban de Gormaz, eine mit Vorliebe herausgearbeitete Rolle. 'De siniestro Sant Estcuan' heißt es Vs. 397 'una buena cipdad'. Vgl. a. Vs. 2818—2824 (Los de Santestouan siempre mesurados són), 2843, 2845, 2875. Milá y Fontanals dachte darum, Gormaz sei vielleicht die Heimat

---

[1]) Ungläubige werden argwöhnen, dass Truhen und Kriegskreuz, Schwerter und Sessel. welche die Tradition zu Cardeña so bestimmt dem Cid zuwies, der berühmten Reliquienfabrication angehörten: für unseren Zweck ist die Entscheidung der Frage belanglos, denn wir haben Zeugnisse, dass schon in früher Zeit von competentester Seite das Kriegskreuz z. B. für unbedingt echt gehalten wurde. Berganza veröffentlicht zwei Originalbriefe des Königs Alfons XI. an den Abt von S. Pedro de Cardeña, in denen er um Darleihung des Kreuzes 'que fue del Cid' ansucht.

des Dichters des Poema. Hält man daran fest, dass ein Benedictiner diese Verse schrieb, so wird das freigebige Lob verständlich. Die Benedictiner, speciell die zu Arlanza, hatten in Gormaz große Besitzungen, und ein freundliches Wort für die Bewohner von solcher Seite aus war umsomehr gerechtfertigt, als Gormaz im Maurenkriege ein vielumstrittenes Kampfobject war. Dafür zeugen — nebst anderen Quellen — die Chroniknotizen der Memorias von Cardeña, wie denn diese überhaupt trotz aller Kürze die einzelnen Phasen der Reconquista recht eingehend verfolgen. Die Vergleichung der verhältnismäßig reichen topographischen Mittheilungen in den Memorias mit dem Itinerar des Cid, wie es das Poema schildert, können wir hier nicht anstellen; es erübrigt nur ein Wort über das zu sagen, was man „französischen Einfluss" bei der Composition des Gedichtes genannt hat. Dieser scheint vornehmlich in einer Beziehung annehmbar: das Poema del Cid ist rücksichtlich seiner Form vielleicht eine Nachahmung der französischen Chansons de geste.[1]) Die Mittelglieder dieses Einflusses, etwa durch Nachweis solcher französischer Chansons in den Bibliotheken Nordspaniens jener Zeit, festzustellen, ist bis jetzt nicht gelungen. Auch hier erklären wir den Einfluss am besten, wenn wir uns die Beziehungen der spanischen Benedictiner zu Frankreich vergegenwärtigen. Lebten sie ja doch nach dem Cluniacenser Ritus, und die Macht des allbeherrschenden französischen Benedictinerklosters fühlten gerade die Mönche zu Cardeña am meisten: Mehr als drei Jahre waren die Cluniacenser in Cardeña ansässig, nachdem die einheimischen Mönche von dort vertrieben worden waren. So liegt es nahe, auch in dem Sprachschatze des Poema französischen Einfluss anzunehmen. Ich möchte hierüber kein Urtheil abgeben, bevor nicht die Sprache des Poema mit den gleichzeitigen linguistischen Denkmälern, d. h. also zunächst mit den Texten von Documenten und Codices, die sich aus Archiv und Bibliothek von Cardeña erhalten haben, verglichen worden ist.[2])

Einen anderen Ausgangspunkt als eben Cardeña zu nehmen, scheint aber nach allem, was dargelegt wurde, unberechtigt. Dass neben der ersten Conception des Gedichtes auch die einzige uns erhaltene Aufzeichnung in Cardeña angefertigt wurde, darf bei dem Umstande, dass es sich in gewissem Sinne um eine Hausurkunde handelte, nicht überraschen. Vielleicht steht diese Aufzeichnung des Gedichtes, die im Jahre 1307 erfolgte, mit dem Befehle des Abtes Pedro Garcia zusammen, der gegen Ende des 13. Jahrhunderts die Abschrift der alten, schon unleserlich gewordenen Urkunden des Haus-Cartulars (Libro gótico) verfügte.

[1]) Näheres hierüber sachgemäß zusammengestellt von F. Wolf in der Recension der Hinard'schen Ausgabe, Jahrb. f. rom. u. engl. Lit. I. (1859) S. 215 ff.
[2]) Die ungewöhnliche subscriptio des Caradignensis 10: Dios le de buen galardon scheint fast wie aus Vers 2855 'Dios vos de dent buen galardon' abgeschrieben. Vgl. auch V. 386.

Die Quellen für unser Poema, für die Überlieferung sowohl wie auch für die Erklärung müssten also, um dem im ersten Theile ausgesprochenen Wunsche gemäß eine bibliographische Übersicht zu geben, etwa in folgender Weise dargestellt werden: Die erste, nicht erhaltene Redaction des Gedichtes (X) erfolgte zu Beginn des 13. Jahrhunderts, und zwar in Cardeña. Dieser sehr nahe verwandt ist jener Text, den Alfons X. zur Abfassung des 4. Buches seiner Cronica General benützte. Diese alfonsinische Cronica ist in den Theilen, wo das Poema als Quelle herangezogen wird, nicht unwichtig für die Kenntnis der Dichtung, in den Paraphrasen wertvoll für die Erklärung. Eigentliche Quelle ist der Codex des Marques Pidal (P) in Madrid. Die Abschrift vom Jahre 1596 ist aus diesem geflossen und wertlos. In alten Bibliothekskatalogen findet sich das Poema nicht verzeichnet. Die 'hechos del Cid', die in denselben vorkommen, beziehen sich auf die Chronik. Die Urkundensammlungen, die zur Erklärung heranzuziehen wären, sind: Das Cartular von Cardeña (Berganza) und das von Silos (Férotin).

Facsimile von P lieferten die spanischen Übersetzer Bouterwek, Amador, Monaci; allein brauchbar sind die von dem letztgenannten gelieferten Schriftproben. Von Ausgaben des Gedichtes: die editio princeps von Sánchez, ferner die von Ochoa, Damas-Hinard, Janer, Vollmöller, Bello, Lidforss. Chrestomathien, bezw. Theile des Gedichtes bei Huber, Lemcke, Amador, Milá, Keller, Restori, Gorra. Übersetzungen von O. L. B. Wolff (deutsch), Damas-Hinard und Emmanuel de Saint-Alban (französisch), Estlander (dänisch), Frere, Southey, John Ormsby (englisch). Die erstgenannte ganz ungenügend. Die Erläuterungsschriften (textkritisch, exegetisch, historisch) sind bei Ticknor, Amador de los Rios, Ferdinand Wolf, J. Cornu (Zs. f. rom. Phil. 1897, 461 ff.), Baist, Grundriss II, 395 ff., Lidforss S. I ff. und in Araujos Gramática verzeichnet. Die Daten der genannten Bibliographien hier mitzutheilen, verbietet der eng begrenzte Raum.

Verschiedene günstige Umstände: das in Spanien selbst gesammelte Material, die Gelegenheit, eine der reichsten Sammlungen spanischer Drucke, die k. k. Hofbibliothek, uneingeschränkt zu benützen, endlich die Leichtigkeit, die hier namhaft gemachten Quellen weiter zu verfolgen, laden zur Fortsetzung der Beiträge zur Überlieferung altspanischer Literaturdenkmäler ein, zumal Gelehrte, wie die Professoren Hofrath Mussafia, Meyer-Lübke und Cornu — welch letzterer in dankenswerter Opferwilligkeit auch die Correcturbogen aufs genaueste durchsah — diese Arbeit freundlichst unterstützten. Die Erwägung jedoch, dass zur Lösung solcher Aufgaben noch äußere Umstände beitragen müssen, hindert mich, in dieser Hinsicht ein bindendes Versprechen abzugeben.